ICH GLAUBE AN MICH!

Kinder auf der ganzen Welt malen und erzählen, woran sie glauben.

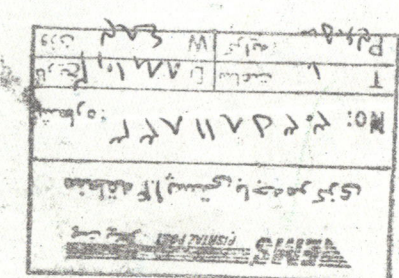

© Süddeutsche Zeitung GmbH, München
für die Süddeutsche Zeitung Edition 2017

Herausgeberin: little ART e.V. München, Elena Janker
Konzept und Idee: BLACKSPACE, Michael Keller

Projektleitung: Till Brömer, Sabine Sternagel, Elena Janker
Produktmanagement: Rebecca Angerer
Text: Elena Janker und Jakob Wetzel
Gestaltung: Daniela Mecklenburg
Herstellung: Thekla Licht, Hermann Weixler
Druck- und Bindearbeiten: Grafisches Centrum Cuno GmbH & Co.KG, Calbe
Printed in Germany
ISBN: 978-3-56497-421-2

1. Auflage 2017

DO NOT BEND

Recommandé

little
ART

DAS KUNSTBUCH

ICH GLAUBE AN MICH!

Kinder auf der ganzen Welt
malen und erzählen,
woran sie glauben.

Süddeutsche Zeitung Edition

Dieses Buch ist ein Geschenk der Kinder an die Erwachsenen. Seit 2009 fragt der gemeinnützige Verein little ART Kinder auf der ganzen Welt, woran sie glauben, und fordert sie auf, darüber zu malen. Zahllose Antworten sind seither eingetroffen, Bilder aus jeder Region, von Kindern mit vielen verschiedenen Muttersprachen, mit unterschiedlichster Konfession und aus allen gesellschaftlichen Schichten. Jugendliche aus Lettland schickten Blätter ein, junge Achuar-Indianer aus Amazonien, tibetanische Klosterschüler, Straßenkinder aus Uganda oder auch blinde Schüler aus Israel und Palästina. Insgesamt beteiligten sich Kinder aus 108 Nationen.

Die Frage „Woran glaubst Du?" geht alle etwas an. Sie rührt nicht einfach nur an die religiösen Welten, in denen die Kinder aufgewachsen sind, sondern an die Fundamente ihrer Persönlichkeit. Sie rührt daran, woraus sie Kraft schöpfen und worin sie Gewissheit und Sinn für ihr Leben finden. Gerade Kinder, die in einer schwierigen Lage aufwachsen, entschieden sich oft nicht für religiöse Motive, sondern für andere elementare Dinge, auf denen ihre Welt beruht: für ihre Eltern, die Familie, den Frieden oder die Menschlichkeit – oder auch schlicht für den Glauben an sich selbst.

Vorgaben hatten die Kinder nicht zu beachten, sie durften malen, was sie für richtig hielten. Ihre Einsendungen sind oft Kunstwerke für sich: Bilder, die per Hand in Stoffbahnen und Rollen eingenäht sind, oder Bündel, aus denen buchstäblich der Geruch von Afrika und Asien steigt. Vor allem aber sind die Antworten so vielfältig wie die Farben der Natur und sich dennoch ähnlich – so wie die Kinder, so wie die Menschen im tiefsten Grunde ihres Daseins. In den Botschaften spürt man, wie sehr das Verlangen nach Einigkeit und Verständigung über alle Grenzen hinweg besteht.

Little ART in München hat über 10 000 Bilder und Objekte der Kinder gesammelt und sammelt sie noch immer: Das Projekt sollte nie enden und hat auch nicht geendet, noch immer schicken Kinder ihre Bilder ein. Nun präsentiert little ART eine Auswahl der Werke in diesem Buch. Es ist in elf Kapitel gegliedert, um bei aller Vielfalt die Gemeinsamkeiten besser spürbar werden zu lassen: Jedes steht unter einem Thema, das den Kindern nicht vorgegeben war, das sie aber dennoch selbständig und unabhängig voneinander immer wieder gefunden haben: Sie glauben an sich selbst und an die Freundschaft, an Gott und an ihre Religion, an Engel, an ihre Eltern, die Umwelt und ihre Fantasie. Es ist ein Buch von Kindern für andere Kinder, aber auch für Erwachsene: ein Buch, das die Augen und Herzen öffnen kann.

Elena Janker ist Gründerin und Leiterin von little ART, einer weltweit agierenden Non-Profit-Organisation mit Sitz im Münchner Künstlerhaus. Mit ihren Projekten und Kunstworkshops verfolgt sie die Mission, Kindern den Zugang zu eigener Kreativität und emotionaler Balance zu öffnen.

Inhalt

Komm ich zeig dir unsere Welt

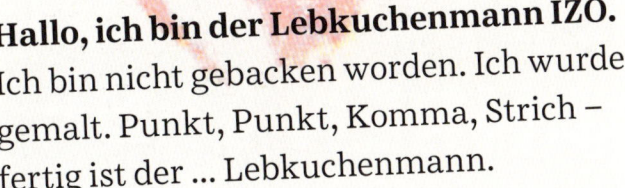

Hallo

Hallo, ich bin der Lebkuchenmann IZO. Ich bin nicht gebacken worden. Ich wurde gemalt. Punkt, Punkt, Komma, Strich – fertig ist der … Lebkuchenmann.

Ein Kind aus Bulgarien hat mich gemalt und zum Leben erweckt. Hristo ist sein Name und er ist Roma. Der Schuldirektor seiner Schule meinte, dass Hristo überhaupt nicht malen kann. Komisch! Ich finde mich dabei so hübsch. Außerdem ist mein Herz aus Lebkuchen und ich besitze alle Süßigkeiten dieser Welt. Ich springe von Kontinent zu Kontinent und treffe ganz viele große und kleine Menschen.

In diesem Buch habe ich die Hauptrolle bekommen. Es ist nicht einfach sie zu meistern. Ich darf nichts vergessen, da die Reise dieses Buches durch viele nahe und ferne Länder führt und auf viele Geschichten trifft, die unbedingt erzählt und gehört werden müssen.

ICH GLAUBE AN MICH

WEIL ICH NUN SCHON SEIT 8 JAHREN LEBE UND WEIL ICH SCHLAU BIN

Ich bin der Lebkuchenmann und glaube an mich. Jemand wie ich wird in der Regel aussortiert. Der Kopf ist vielförmig, die Augen gekritzelt, und die Nase – „ist da überhaupt eine Nase?", würde die ordentliche Kunstlehrerin meinen. Ich habe aber ein anderes Format. Ich entspringe nämlich der Welt der Kinderfantasie und finde mich ganz hübsch. Es ist ein wohliges Gefühl, dieses Wir im Herzen zu tragen. Es macht mich tapfer und mutig.

Mihael, 5 Jahre, Slowenien

Ich glaube an mich!

Es war einmal ein kleines Mädchen, das wollte Astronautin werden. Nacht für Nacht lag es in seinem Bett und blickte durchs Fenster zu den Sternen. Wenn es schlief, dann träumte es davon, in einer Rakete davonzufliegen. Doch als es den anderen Kindern davon erzählte, da lachten sie nur. „Du willst zu den Sternen fliegen?", fragten sie. „Du traust dich doch nicht mal, auf den alten Baum hinter der Schule zu klettern." Da wurde das Mädchen traurig, denn es traute sich wirklich nicht. Es hatte Angst davor, abzurutschen und herunterzufallen. Und als es am Abend im Bett lag und in den Himmel sah, da liefen ihm die Tränen über die Wangen.

Selbstvertrauen ist ein kostbares Gut, besonders für Kinder. Denn es entscheidet mit darüber, welchen Weg ein Kind einschlägt: Was es wagen wird, hängt weniger davon ab, was es kann, sondern mehr davon, was es sich zutraut. Studien belegen immer wieder, dass selbstbewusste Kinder in der Schule besser abschneiden – und sie zeigen auch, dass schon Siebenjährige klare Ideen entwickeln können, was sie erreichen wollen. Die Kinder, die die folgenden Bilder gemalt haben, werden in ihrem Leben unterschiedliche Chancen bekommen. Aber sie haben Lebensmut und schöpfen Kraft aus ihrer Fantasie: Sie glauben an sich.

Übrigens: Auch das kleine Mädchen hat am Ende diesen Mut gefunden. Als es etwas größer war, ist es zu dem alten Baum gegangen und nach oben geklettert, bis an die Spitze. Es ist nicht heruntergefallen. Und später ist es vielleicht doch noch Astronautin geworden.

Tuuli, 12 Jahre, Estland

Asja, 11 Jahre, Moskau: „Ich bin eine Schönheit und ein kluger Kopf dazu. Ich mag lustige Bilder und komische Geschichten."

Valentin, 7 Jahre, Bulgarien

„Ich glaube an meine Vorstellungskraft …"

Karen Sukiasyan, 15 Jahre, Armenien: „Ich glaube an meine Vorstellungskraft und die Ideen, die ich erschaffe. Wenn ich meine Vorstellungskraft nicht hätte, könnte ich mir keine Ideen ausdenken, könnte nicht an sie glauben und sie aufschreiben.

Ich glaube an Ereignisse, die lediglich auf meinen Ideen beruhen. Weil ich an sie glaube, sind sie ein Teil von mir. Da ich sie nicht kontrollieren kann, werde ich eines Tages ein Teil von ihnen. Das ist meine Welt, sie besteht nur für mich und ist für andere unsichtbar. Es ist die Welt meiner Phantasie, an die ich glaube."

Ciprian, 11 Jahre, Rumänien

Malka, 13 Jahre, Sri Lanka: „Ich glaube fest an mein Geschick und meine Talente, die mich im Leben weiterbringen."

Leja, 9 Jahre, Litauen

Manuela, 13 Jahre, Slowakei: „Ich singe gerne. Ich glaube an mich. Und ich singe gut. Ich möchte Superstar werden."

„Seitdem ich male, habe ich mehr Selbstvertrauen."

Antonio ist eines der zwölf Kinder, das zwei Jahre lang in die little ART Gallery in München kam, um dort zu malen. Er gehört zu den „Kleinen Wölfen", einer sozialpädagogischen Tagesgruppe, die sich als Hilfe zur Erziehung versteht.

Der stille, schüchterne, fast sprachlose Junge, der sich zunächst als winzigen Punkt auf dem Papier malt, beginnt Bild um Bild zu erzählen, den Raum zu füllen, erobert seine Sprache und seine Größe zurück.

„Seitdem ich hier male, kann ich alleine essen", erklärt Antonio. Er hat ein Zucken in der rechten Hand. Über die Kreativität findet er einen Weg und Vertrauen zu sich selbst. „Hier entsteht große Kunst", sagt Antonio. Und der 10-jährige hat Recht: Denn große Kunst ist es für diese Kinder, das weiße Blatt zu überwinden und den ersten Pinselstrich zu wagen.

Antonio, 10 Jahre, Deutschland

Tengenenge:
Kinder ohne Geburtsurkunde existieren doch!

Tengenenge ist ein ganz normales Dorf im Norden von Simbabwe. Eineinhalb Stunden von Harare entfernt, gibt es hier die gleichen einfachen Lehmhütten mit Strohdach wie anderswo in Afrika. Nur, dass hier alles anders ist: In der Dorfgemeinschaft leben Flüchtlinge aus vielen Ländern und Menschen unterschiedlicher Kulturen friedlich zusammen. Vielleicht sind ihre Sprachen verschieden, die Kunst aber verbindet sie: Fast alle Erwachsene sind Bildhauer. Aus dem Stein, der in der Nähe der Siedlung gebrochen wird, machen sie Figuren, die weltweit ausgestellt und verkauft werden. **11 000 Kunstwerke** säumen die Wege zwischen den Hütten und schmücken den Wald um das Dorf.

In Tengenenge leben etwa 200 Kinder. Sie teilen das einfache Leben ihrer Eltern. Spielzeug wird nicht gekauft, sie machen es sich selbst. Aus Lehm formen sie sich Autos und Busse. Für die Kinder von Tengenenge ist die Familie am wichtigsten. Danach kommt gleich die Schule. In der Früh treffen sich die Kinder auf dem Marktplatz, um den Weg ins nächste Dorf zusammen zurückzulegen. Wenn sie nach zwei Stunden Fußmarsch dort ankommen, freuen sie sich so sehr darauf, dass sie die letzen Meter zum Schulhaus rennen. Aber nicht alle Kinder können in die Schule gehen. Denn für die Behörden existieren sie gar nicht: Sie haben keine Geburtsurkunde, weil Geburtsurkunden teuer sind. Dass die Kinder aber sehr wohl auf der Welt sind und an sich selbst, ihre Familien und die besondere Gemeinschaft von Tengenenge glauben, zeigen sie uns mit ihren Bildern. Lucie Kazda, eine deutsche Künstlerin, die sich für die Kinder von Tengenenge einsetzt, hat die Bilder aus Simbabwe zu little ART gebracht.

„Wir haben uns und unsere Geburtsurkunden selbst gezeichnet."

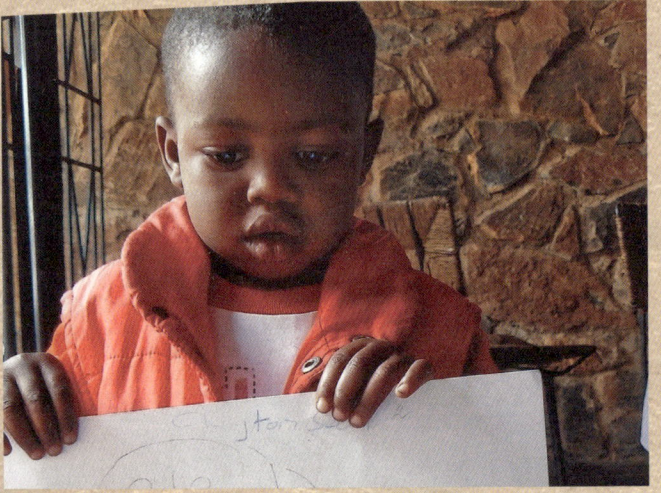

Simbabwe

Tengenenge

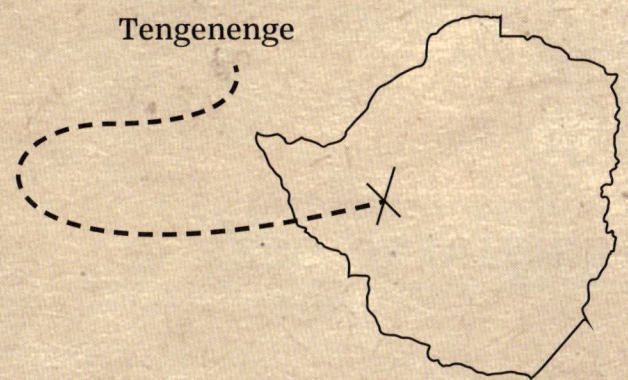

„Mein Traumauto habe ich
auf einer Pappe gemalt."

„Mein Traktor aus Erde"

„Mein Spielzeug"

„Unser Zuhause"

Artjom, 10 Jahre, Moskau: „Ich bin ein ganz gewöhnlicher Junge, mein Leben ist einfach."

Mayra, 15 Jahre, Argentinien

Punyi, 12 Jahre, Ungarn

Lusineh, 14 Jahre, Armenien: „Ich glaube, ich habe eine Stimme in meinem Inneren, die mit mir redet, wenn ich alleine bin."

„Was bedeutet waagerecht?"

Brasilien

Hallo, wir sind „Meninos De Arte" aus Brasilien. Eine unserer beliebtesten Techniken heißt „pichacao grafica": Dazu brauchen wir Zeitungen und Zeitschriften. Wir schauen uns die Bilder an und reden darüber. Und dann streichen wir mit viel Farbe und dicken Pinseln alles zu, was uns nicht gefällt, und das, was uns gefällt, lassen wir stehen. Anschließend sprechen wir über das, was wir beim Anblick unserer Bilder empfinden.

Marcus entschied sich für eine Seite, auf der ein afrikanischer Junge, mit einer kleinen Ziege abgebildet war. Der Lehrer empfahl ihm, den Horizont in seinem Rücken zu malen. Marcus wusste aber nicht, was ein Horizont ist.

Lehrer: „Der Horizont ist die waagerechte Linie zwischen Himmel und Erde."

Marcus hatte das Wort „waagerecht" noch nie gehört, also ging der Lehrer mit ihm vor die Tür und wollte ihm den Horizont zeigen, aber das ging nicht, weil an dem Tag alles voll Staub war. Und so hat Marcus den Horizont eben senkrecht gemalt.

Marcus, 7 Jahre, Brasilien: „Ich glaube daran, dass der Horizont manchmal senkrecht ist."

Marcus, 7 Jahre, Brasilien

29

Albion, 8 Jahre, Kosovo

Zan, 5 Jahre, Slowenien

Elyazyah, 7 Jahre, Vereinigte Arabische Emirate

Mariam, 11 Jahre, Vereinigte Arabische Emirate

Breshna, 8 Jahre, Afghanistan

Nina, 5 Jahre, Slowenien

Ramiyar, 14 Jahre, Irak

Mohamad Sin, 4 Jahre, Iran

Delaram, 5 Jahre, Iran

Hasti, 4 Jahre, Iran

Seray, 7 Jahre, Türkei

„Da bin ich ... ich ... ich ... ich ...“

Rama, 14 Jahre, Syrien

Sundus, 9 Jahre, Sudan

Mina, 7 Jahre, Iran

Moushegh, 13 Jahre, Armenien „Wir haben das Recht, selbst unseren Weg zu wählen.“

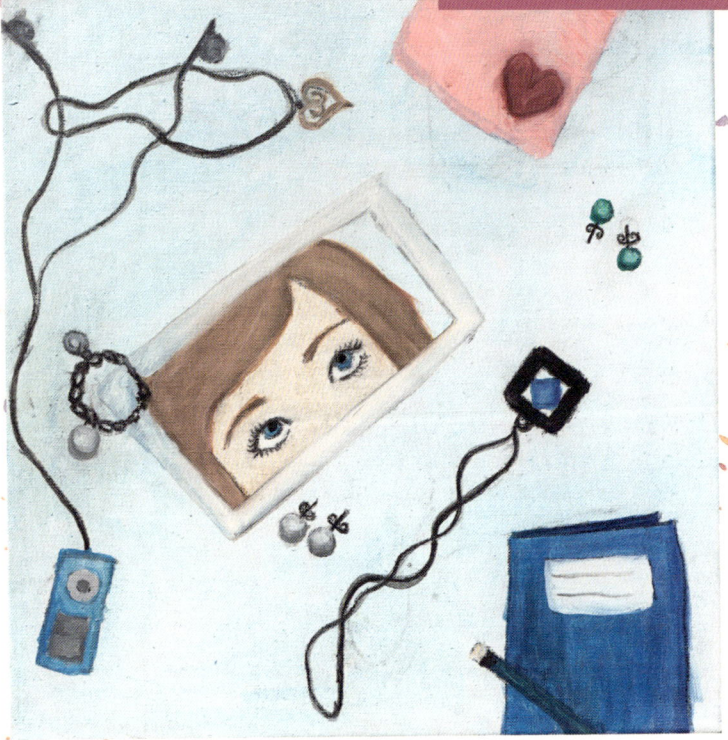

Liisa, 15 Jahre, Finnland

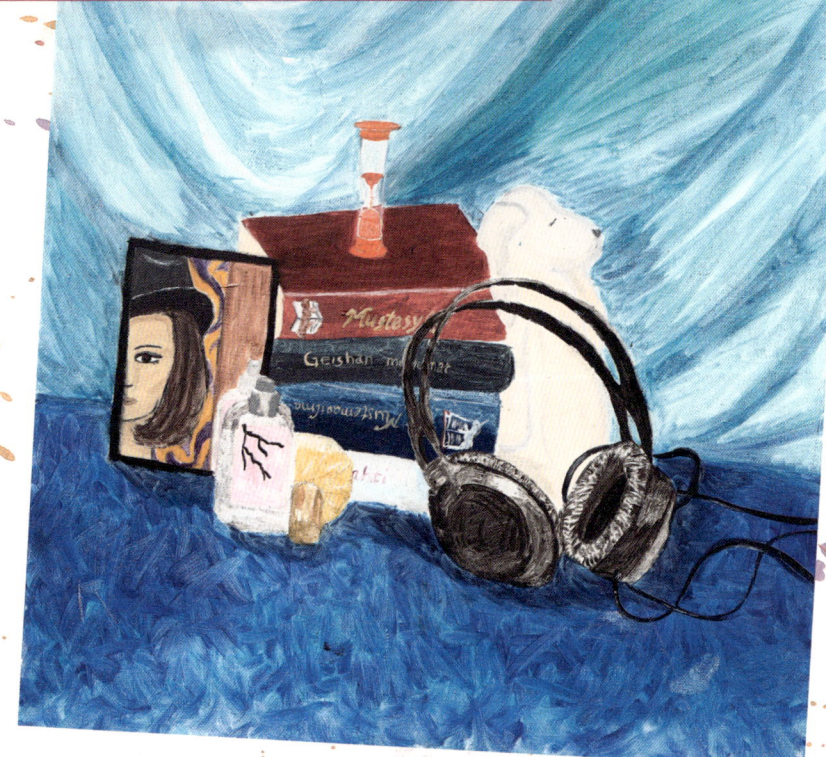

Veera, 16 Jahre, Finnland

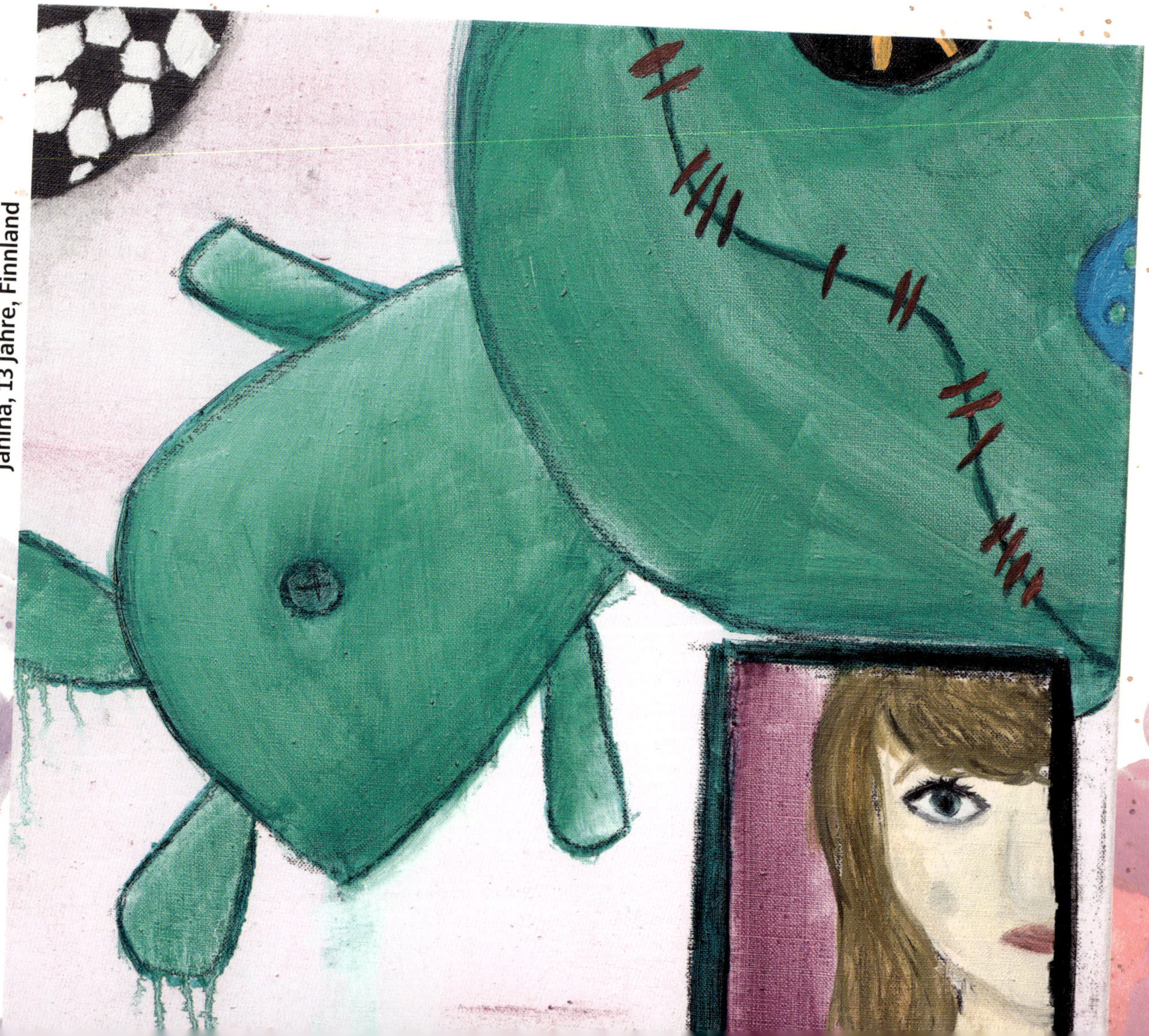

Janina, 13 Jahre, Finnland

Ionela, 16 Jahre, Republik Moldau

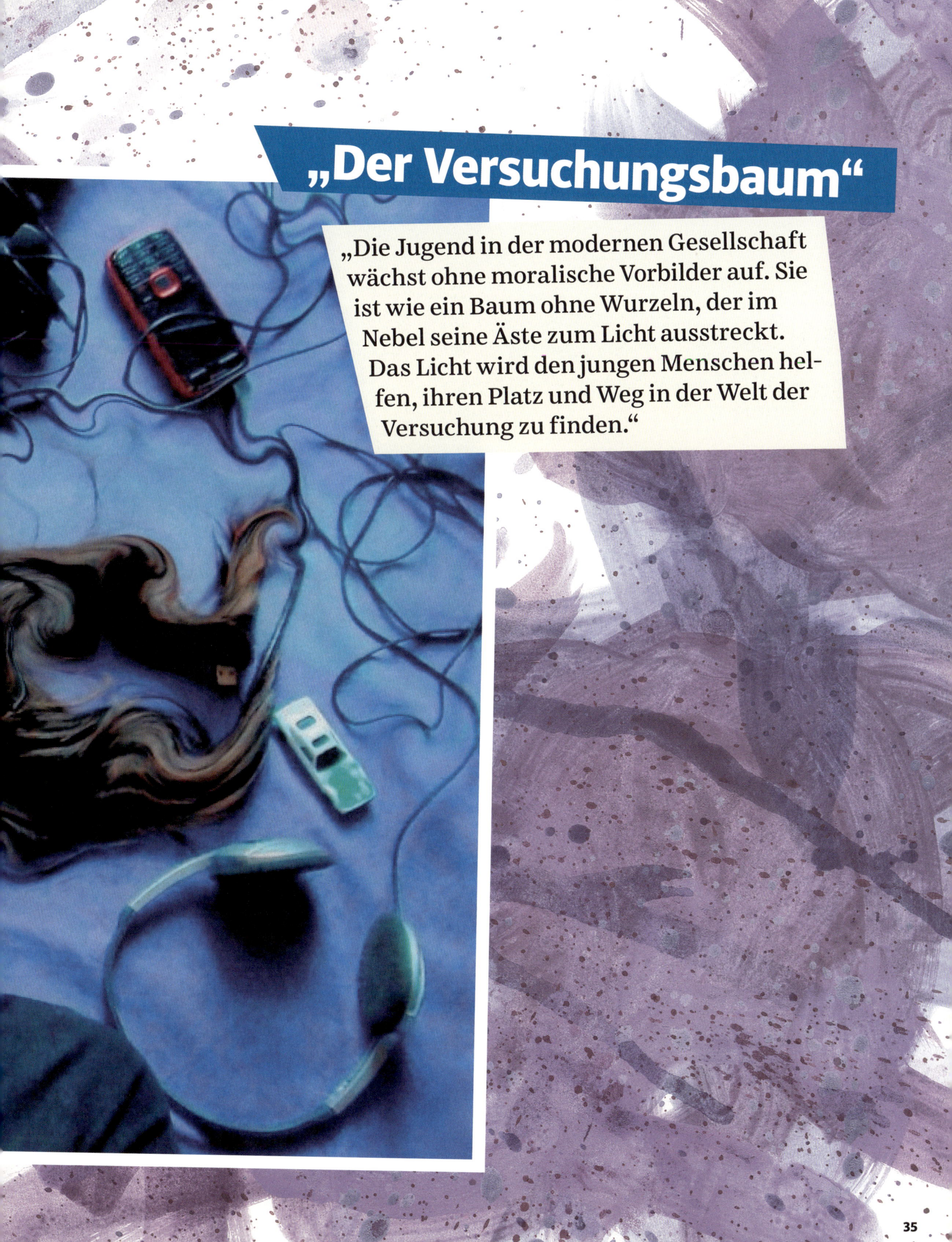

„Der Versuchungsbaum"

„Die Jugend in der modernen Gesellschaft wächst ohne moralische Vorbilder auf. Sie ist wie ein Baum ohne Wurzeln, der im Nebel seine Äste zum Licht ausstreckt. Das Licht wird den jungen Menschen helfen, ihren Platz und Weg in der Welt der Versuchung zu finden."

Nga Lam, 8 Jahre, Hongkong

Chin, 10 Jahre, Hongkong

Chan, 8 Jahre, Hongkong

„Die Welt durch Manga-Augen sehen?"

Manche Kinder bleiben sich treu und behalten ihre Kreativität. Andere verlieren sich völlig in der Welt der neuen Medien und übernehmen die Symbole virtueller Welten, die Realität für sie werden. Ihre ursprüngliche Zeichensprache wird durch die Sprache der Comics und der elektronischen Spiele ersetzt. Sie sehen die Welt durch Manga-Augen.

Kong, 7 Jahre, Hongkong

„Die Herzpflanze, die man essen kann."

Richard, 5 Jahre, Deutschland: „Wenn man sie isst, bekommt man Kraft – eine Superheldenkraft. Wenn man die Herzpflanze isst, fallen die Samen aus und es wachsen neue Pflanzen."

Richard, 5 Jahre, Deutschland

DIE HERZPFLANZE, DIE MAN ESSEN KANN

Richard, 5 Jahre, Deutschland

„Ich bin der Retter der Welt."

Richard, 5 Jahre, Deutschland: „Ich glaube, dass ich einmal **die Welt retten werde.** Ich werde sie z. B. vor einem riesigen Meteoriten retten. Wenn ich groß bin, bekomme ich Superkräfte, die machen mich dann ganz stark. Ich denke mir das alles zwar nur aus, aber vielleicht passiert es ja doch irgendwann wirklich.
Ich habe ganz große Ohren, um zu hören, wenn jemand gerettet werden soll. Mein Kopf fotografiert alles, wo ich war. Meine inneren Augen sehen es. Auf jeder Seite habe ich zwei innere Augen."

Evelina, 7 Jahre, Finnland

Pekko, 6 Jahre, Finnland

Evelyn, 9 Jahre, USA: „Ich glaube an ganz schön viele Sachen. Ich glaube, dass ich es schaffen kann. Ich glaube an mich fast immer."

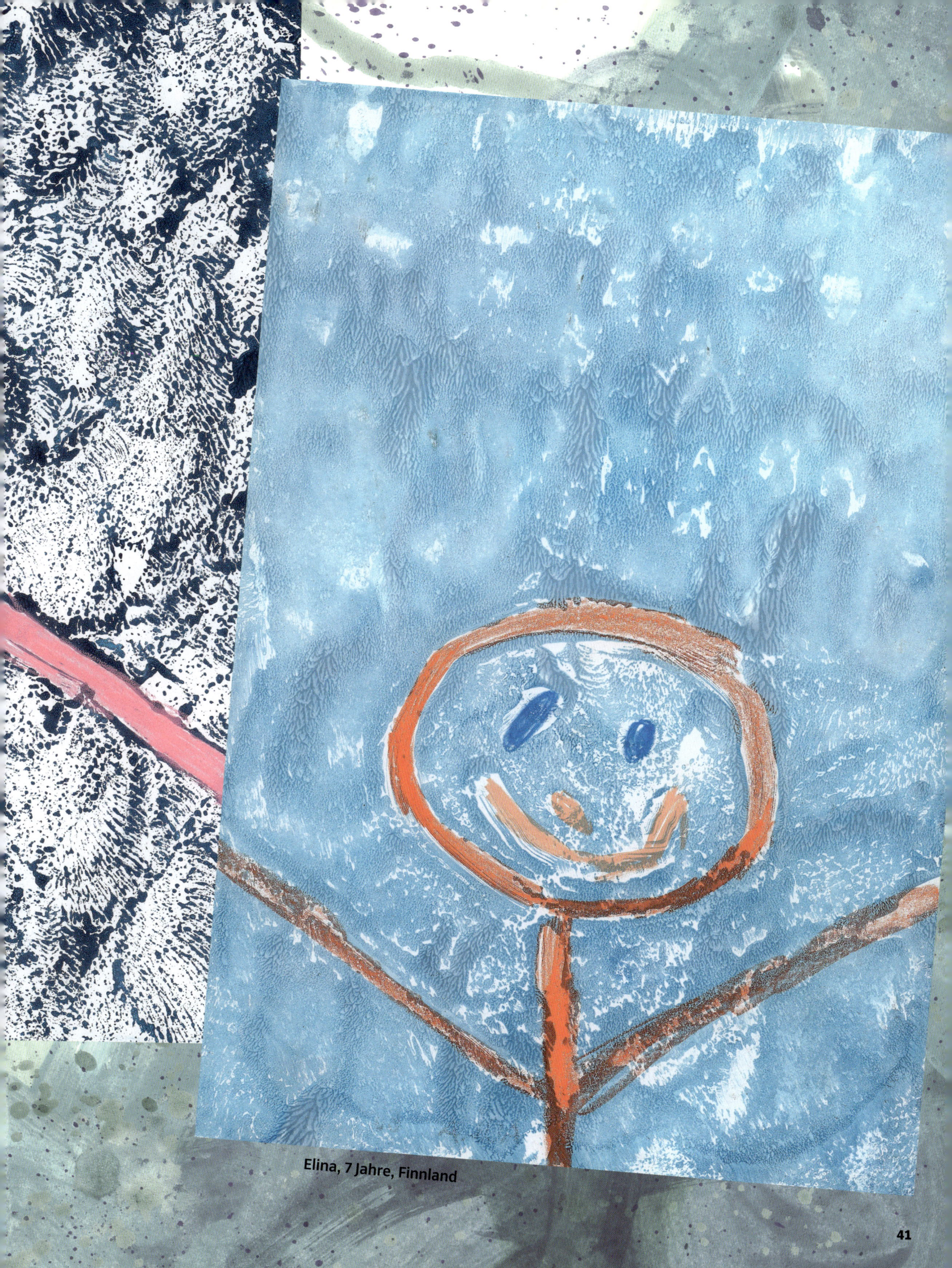

Elina, 7 Jahre, Finnland

MEIN ICH IST EIGENTLICH EIN WIR DAMIT MEINE ICH MEINE FAMILIE

MEINE FREUNDE UND MEINE KLEINEN GEHEIMNISSE

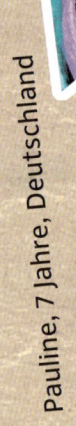

Pauline, 7 Jahre, Deutschland

WIR, die Kinder dieser Welt, sind groß und manchmal klein, mutig und manchmal weniger mutig, ehrlich, offen und neugierig. Wir wollen die große weite Welt entdecken und erobern. Dafür brauchen Wir unsere Familie, unsere Freunde und das ist uns das Wichtigste. Es macht uns tapfer und mutig. Es ist ein wohliges Gefühl, dieses Wir im Herzen zu tragen.

Ich glaube an uns!

Echte Freunde sind selten. Und sie sind noch viel seltener, als wir glauben. Nur etwa die Hälfte aller Freundschaften beruhen auf Gegenseitigkeit, das haben Wissenschaftler kürzlich herausgefunden. Das heißt: In jedem zweiten Freund täuschen wir uns – und merken es oft erst, wenn wir ihn brauchen würden. Wenn wir angegriffen oder gehänselt werden, auf dem Pausenhof oder im Büro, und die angeblichen Freunde dabei zusehen. Wenn wir von der vermeintlichen Freundin links liegen gelassen werden, wenn jemand anders dazukommt.

Da ist es umso schöner, wenn sich echte Freunde gefunden haben – so wie auf den Bildern der Kinder. Und wenn nicht, dann wird der fehlende Freund oft durch einen imaginären Freund in der Fantasie ersetzt: „Heute bastle ich mir einen Freund!"

Denn Freunde geben uns Halt wie eine Familie. Wer Freunde hat, denen er vertrauen kann, denen er auch von seinen Schwächen erzählen kann und bei denen er sich darauf verlassen kann, dass Geheimnisse auch wirklich geheim bleiben, der gewinnt daraus Kraft. Es gibt erstaunliche Statistiken darüber, was Freundschaften bewirken: Wer Freunde hat, der lebt länger und bleibt gesünder – und wenn ihm etwas Böses widerfährt, dann hat er jemanden, um zu reden. Und er weiß: Wenn wir zusammenhalten, werden große Probleme gleich ein ganzes Stückchen kleiner.

„Wir, die Kinder“

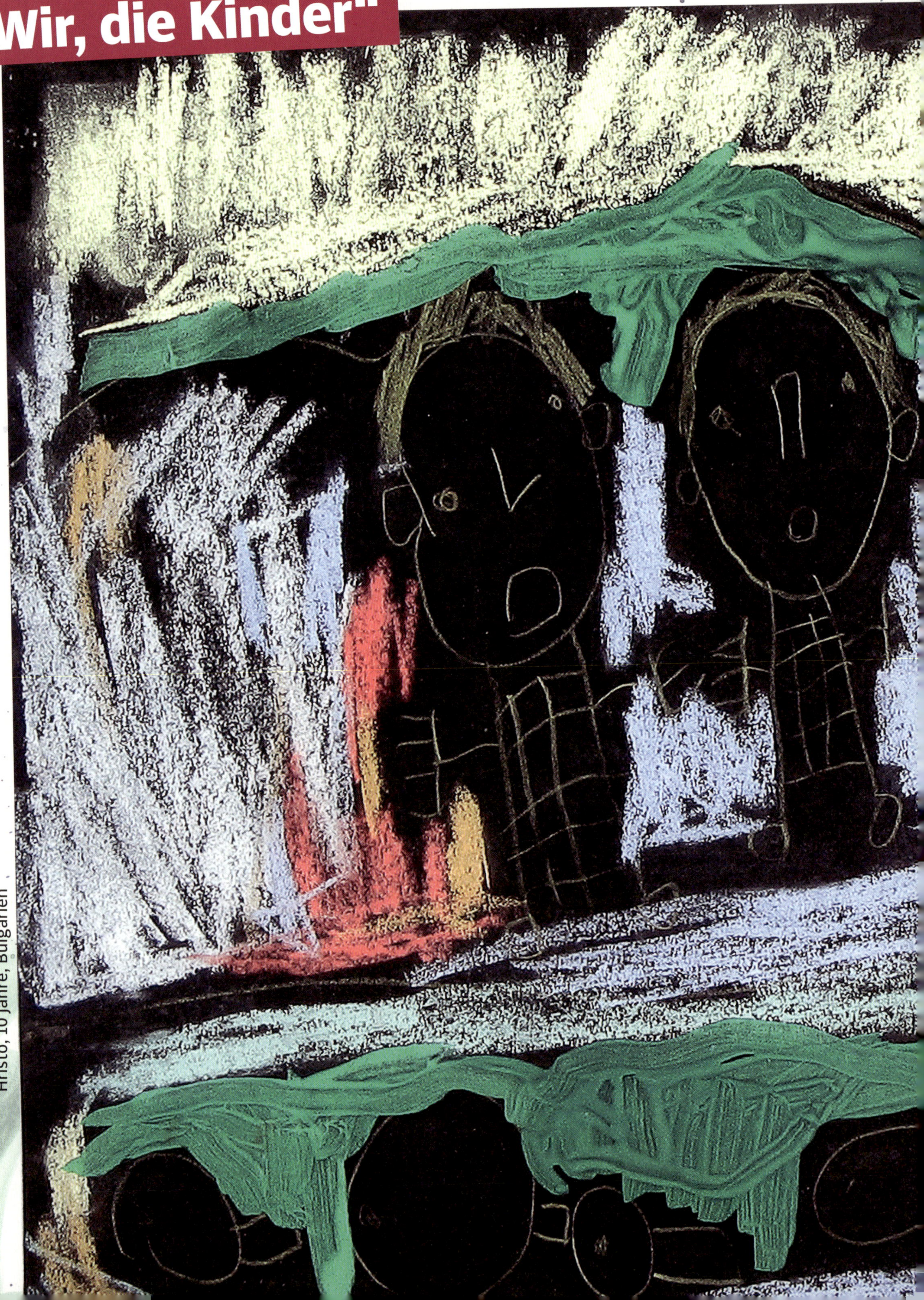

Hristo, 10 Jahre, Bulgarien

„Ein bester Freund hintergeht mich nicht."

N'ama, 15 Jahre, Vereinigte Arabische Emirate

Victoria, 13 Jahre, Armenien: „Anna ist meine beste Freundin. Ich kann mich voll auf sie verlassen. Ich kann ihr alles anvertrauen. Sie tratscht es nicht weiter und hält immer zu mir. Auch dann, wenn es ihr selbst nichts bringt."

Maria Gabriela, 6 Jahre, Kuba

„Freunde"

Ajda, 11 Jahre, Slowenien: „Sie sind wichtig, damit man im Leben Spaß hat. Mit Freunden kann man spielen und ausgehen. Sie helfen einem auch und man kann vertrauen. Wenn man traurig ist, wird man von Freunden getröstet. Meine Freunde sind aus verschiedenen Ländern und sind die besten der Welt."

Ajda, 11 Jahre, Slowenien

Türkei

Ägypten

Saudi-Arabien

Jordanien

Königin Rania Al Abdullah von Jordanien,
Präsidentin der Jordan River Foundation

Kann man aus der Ferne
Freunde sein?

**Am Anfang war die Frage: Wie kann man
Kinder in Jordanien erreichen, wenn man
dort gar keine Kontakte hat?** Der einzige
Name, den wir kannten, war der von Queen
Rania – der jordanischen Königin. Über diesen
Namen kamen wir mit viel Glück zur Jordan
River Foundation und dort öffneten sich nicht
nur Türen, sondern auch Herzen.

**Gleich beim ersten Anruf verstand der Mann
am Ende der Leitung zwar kein Wort,** doch
statt aufzulegen lief er mit dem Telefon durch
das Büro, um uns einen Englisch sprechenden
Mitarbeiter zu suchen. Er fand Mohamad Odeh,
der uns als erster half und sich über unsere
Ideen freute. Dann kümmerte sich Valentina

Qussisiya, die Direktorin der Stiftung darum,
dass das Projekt „Woran Kinder glauben" in
Jordanien umgesetzt wird. Sirsa Qursha war
diejenige, die uns dann begleitete. Wir fanden
immer nur die schönsten Worte füreinander.
So begannen Begegnungen mit Menschen, die
zwar in der fremden Ferne leben, die uns aber
sehr nahe sind. Sie setzen sich so wie wir für
das Wohl der Kinder ein und stehen hinter dem,
was sie tun. Deswegen sprechen wir die gleiche
Sprache – die Sprache des Herzens.

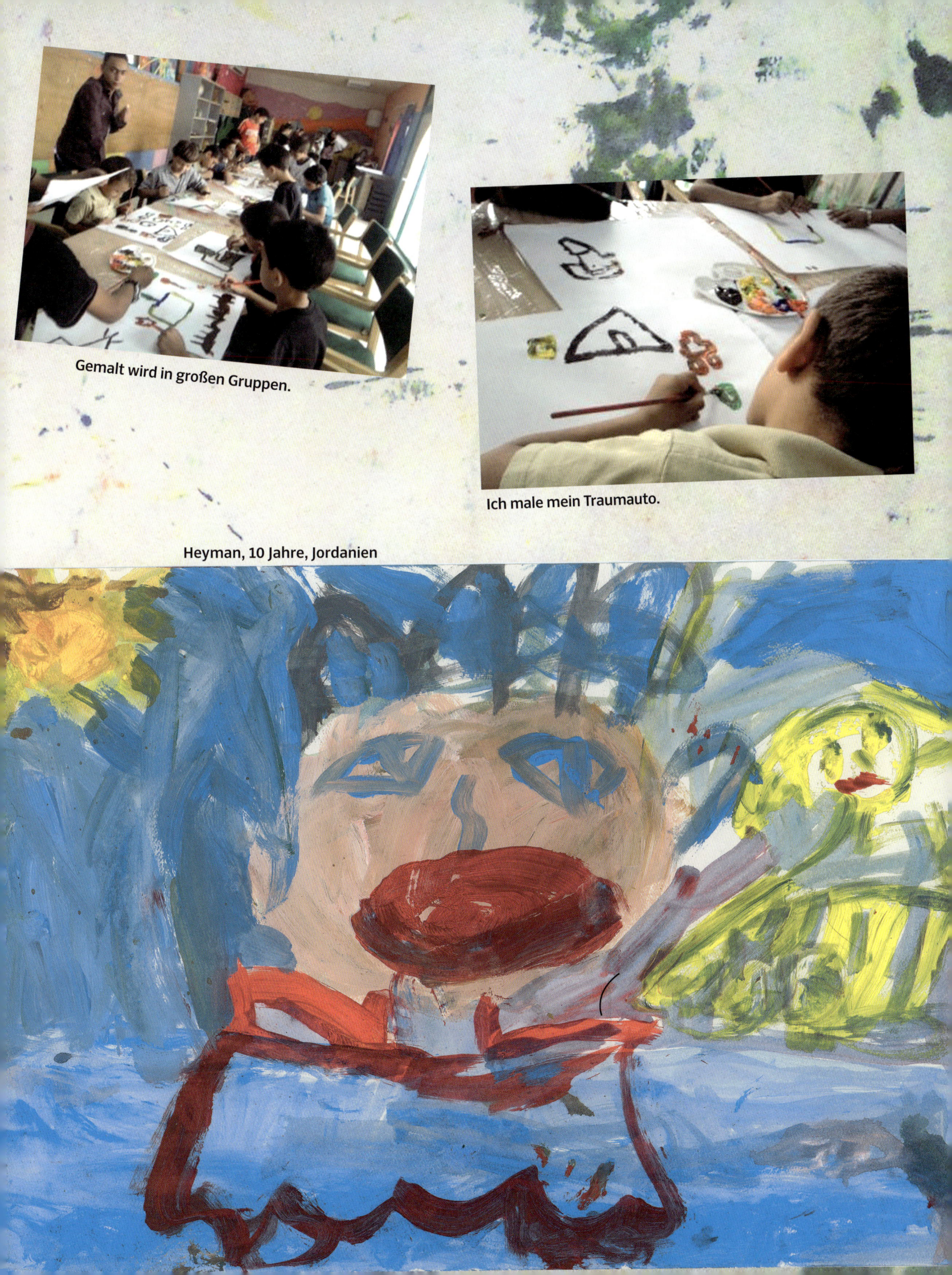

Gemalt wird in großen Gruppen.

Ich male mein Traumauto.

Heyman, 10 Jahre, Jordanien

Die Kreativität der Kinder der Jordan River Foundation

Heba, 10 Jahre, Jordanien

Anas, 9 Jahre, Jordanien

Faeuk, 9 Jahre, Jordanien

Moutasem, 16 Jahre, Jordanien

„Frei!"

Rana, 13 Jahre, Jordanien

„Freundschaft fühlt sich warm an."

Evija, 10 Jahre, Lettland

CREO EN LA AMISTAD Y LA ECOLOGÍA

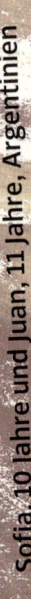

Sofía, 10 Jahre und Juan, 11 Jahre, Argentinien

Jana, 7 Jahre, Vereinigte Arabische Emirate: „Freunde sind wichtig im Leben, denn Freunde können uns trösten. Mit Freunden kann man spielen und man hat Spaß zusammen. Ohne Freunde ist man alleine und traurig. Deshalb glaube ich an Freundschaft."

Mary Karla, 9 Jahre, Kuba

Efe Can, 13 Jahre, Türkei

I believe in Love!
I believe in Dreams!
I believe in happiness!
I believe in World!

What do you believe in?

Universe?

Colours?

Lights?

Nature?

Hugo, 17 Jahre, Portugal

I BELIEVE IN DREAMS

I BELIEVE IN HAPPINESS

I BELIEVE IN PEACE

I believe in friendship

I BELIEVE IN TIME

I BELIEVE IN SOMETHING

I BELIEVE THAT EVERYBODY BELIEVES IN SOMETHING.

I BELIEVE IN FREEDOM

Ana, 17 Jahre, Portugal

„Du bist wie ein Plastikfreund, der geht nicht kaputt. Aber im Inneren bist du hohl. Du bist ein Heuchler, du Parasit!"

Ines, 16 Jahre, Portugal

Ines, 16 Jahre, Portugal: „Freddy hatte seine festen Freunde. Sie spielten Fußball zusammen und alles war prima, bis Freddy mit einem gebrochenen Bein im Krankenhaus landete und Wochen bleiben musste. Keiner seiner angeblichen Freunde ließ sich bei ihm blicken. Was schließen wir daraus? Dass die Welt voller falscher Freunde, also Plastikfreunde ist."

„Wie malt man Freundschaft?"

El Salvador

Den Himmel erreiche ich mit einer Leiter.

Wir dürfen heute die Wände bemalen.

Mein Haus, meine Freunde und der Himmel

Nicolle, 8 Jahre, El Salvador

¿En que creo yo como Niña?

„Ich liebe meine Familie!"

Nele, 9 Jahre, Australien: „Meine Familie sind: Ich, meine Schwester, mein Bruder, Mama, Papa und unser Hund. In meiner Familie begegnest du viel Liebe und Glück."

Sona, 12 Jahre, Slowakei

Alis, 6 Jahre, Bulgarien

„Meine Familie habe ich immer dabei."

Antonia, 7 Jahre, Mexiko

I believe my family and my house.

Irving, Libanon

„Ich liebe meine Familie. Meine Familie ist meine Festung."

„Vogelflugzeug"

„Die kleine Malerin wollte fliegen, aber nicht mit dem Flugzeug. Aus diesem Grund malte sie sich als Flugzeug einen riesigen Vogel und flog weg mit ihrer Familie."

Niloofar, 12 Jahre, Iran

70

„Kann der Geist behindert sein?"

Rebecca malt ununterbrochen Bilder mit Köpfen und Gesichtern von Menschen und entwickelt damit eine eigene visuelle Sprache. Sie lässt Bilderreihen entstehen, die durch ihre Wiederholung eine ungewöhnliche Ausdruckskraft und Individualität erlangen. Man hat das Gefühl, Rebeccas Werk versuche die ganze Menschheit und das Universum zu erfassen.

„Ich höre nicht auf zu malen, bis ich die ganze Menschheit gemalt habe", erklärt sie. Selbst der Betrachter wird durch ihre Bilder umarmt – ganz im Sinne von Rebecca, die mit ihrem strahlenden Wesen alle Menschen, die ihr begegnen, umarmen möchte. Diese Liebe und Zuneigung ist ihre Sprache; wirklich sprechen kann sie nicht. Sie verständigt sich mit ihren Mitmenschen nur anhand einer Tastaturtafel, auf die sie ihre Gedanken eintippt.

Über sich selbst sagt Rebecca Wild: „Ich bin nicht behindert, ich bin nur anders." Und ihre Bilder beschreibt sie folgendermaßen: „Keiner unter uns ist ein reines Nichts, weil jeder Mensch eine Bestimmung hat. Unter uns sind viele Menschen interessant und wert, Beachtung zu finden, von denen wir es nicht annehmen. Nur ,Meine Köpfe' versuchen alle Menschen wahrzunehmen."

Rebecca, Deutschland: „Ich höre nicht auf zu malen, bis ich die ganze Menschheit gemalt habe."

Rebecca, Deutschland

„Unzählige Gesichter"

Rebecca, Deutschland

Eine Unzahl von Gesichtern in unterschiedlicher Größe – manchmal werden sie zu Sonnen.

Vier Buchstaben: **A, M, P, R**

M für Mama
P für Papa
R für Rebecca
A für „A-Ton"

Häuser mit Rauch – ein Zeichen, dass dort gelebt wird, die Feuerstelle ist ein Symbol für die Familie.

Eiswaffel – Rebecca spricht nur 40 Wörter, eins davon ist „Eis". Eis essen ist für Rebecca Kommunikation, Freunde treffen.

Leja, 7 Jahre, Kroatien

„Woran ich glaube? An den Schlüssel zum Herzen: Liebe.“

Blaz, 5 Jahre, Slowenien

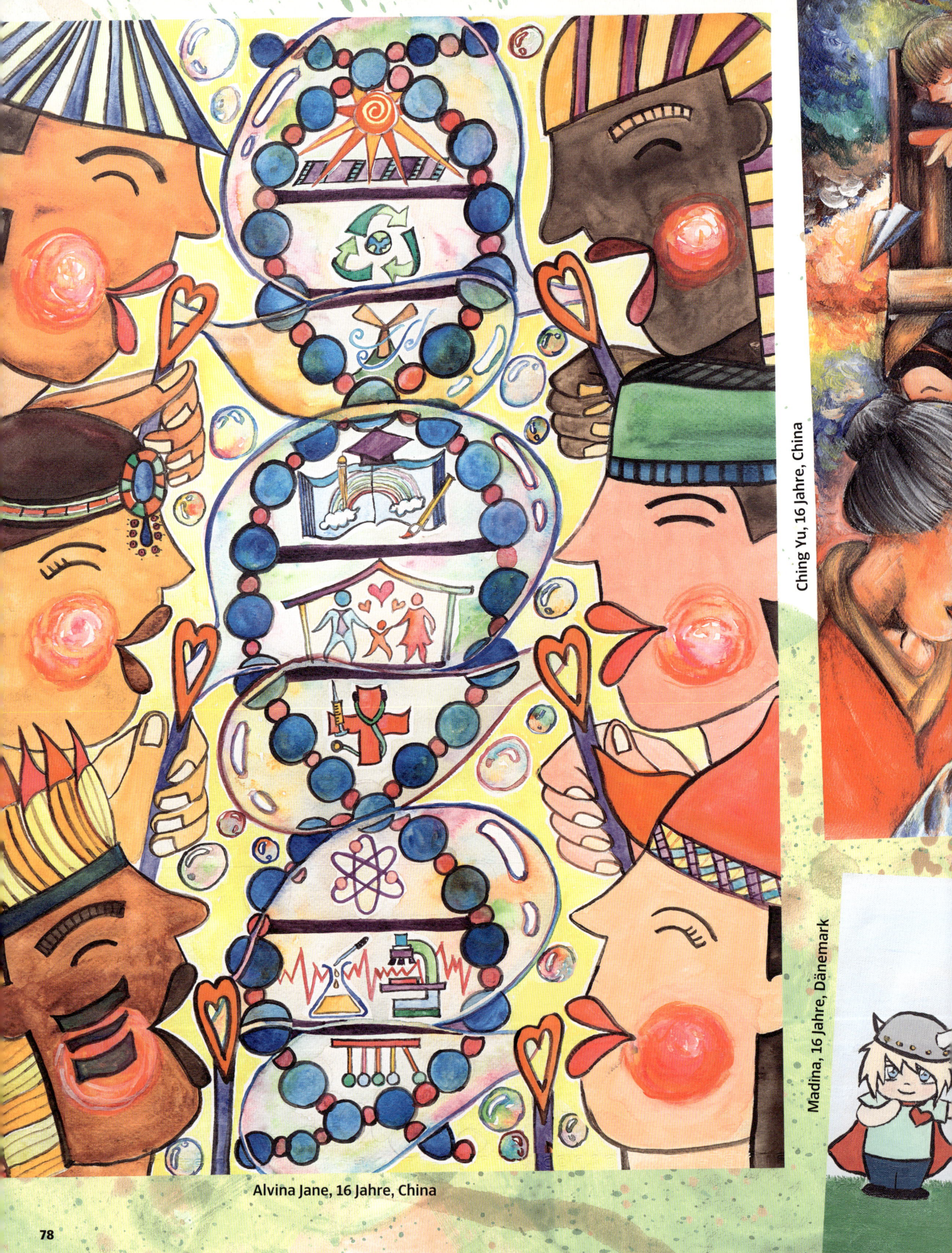

Ching Yu, 16 Jahre, China

Madina, 16 Jahre, Dänemark

Alvina Jane, 16 Jahre, China

„Gemeinsam"

Ruuben-Jaan, 12 Jahre, Estland: „Ich glaube, dass alle Menschen gemeinsam eine Lösung finden können, die Armut zu bekämpfen und alle Probleme in dieser Welt zu lösen."

„Trotz Krieg"

Aqueel, ein irakischer Junge, malt ein Bild für einen amerikanischen Jungen. Little ART bekommt das Bild und folgende Email dazu von Frau Claudia Lefko:

„Als Antwort hat Aqueel diese drei Bilder gemalt und ich habe sie mitgenommen und dem Jungen in den USA gegeben. Es scheint so klar zu sein, was Aqueel mit seinen Bildern ausdrückt, und zwar, dass er das Leben des amerikanischen Jungen jetzt versteht. ‚Und hier siehst du meins' schreibt Aqueel und malt eine Kuh und einen Fußball, um dem amerikanischen Jungen näher zu kommen. Ich sehe, dass die Bilder Verzweiflung ausdrücken: der Mensch mit den ausgestreckten Armen, das mit dem Pfeil durchbohrte Herz, der Helikopter, der am Himmel auftaucht. Das Leben für diesen Jungen im Irak war während des Krieges sehr anstrengend und herausfordernd."

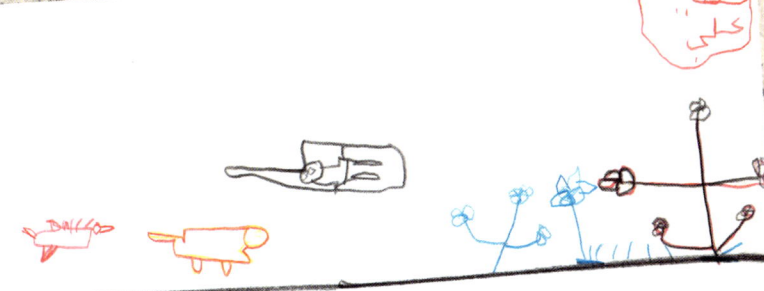

„Ich und meine Kuh"

„Kriegshubschrauber und ein mit dem Pfeil durchbohrtes Herz"

Aquell, 6 Jahre, Irak: „Hoffentlich ist bald Frieden mit einem Fußball in der Mitte."

Aquell, 6 Jahre, Irak

81

MEIN GLÜCK IST DASS ICH GOTT KENNE

Die Postanschrift von dem lieben Gott habe ich nicht. Ich kenne ihn aber. Er ist meine Mutter, mein Freund, mein Beschützer und Begleiter. In jedem Teil der Welt gibt man ihm einen anderen Namen. Komisch! Obwohl er einer für alle ist ...

Lalida, 10 Jahre, Thailand

Ich glaube an Gott!

An den lieben Gott! Klar, will man auf den ersten Blick sagen: Woran sonst? Dabei liegt diese Botschaft der Kinder auf den zweiten Blick gar nicht so nahe, wie es scheint, und erst recht nicht in vielen reichen, westlichen Ländern wie etwa in Deutschland. Forscher haben die Menschen in der Bundesrepublik zuletzt gefragt, ob sie gläubig sind. Und nur jeder zweite antwortete mit Ja, er sei auf irgendeine Art und Weise religiös. Das sind viel weniger Menschen als in den meisten anderen Ländern, und es werden Jahr für Jahr weniger.

Dabei kann Gott ein guter Freund sein. Das zeigen auch die Bilder der Kinder. Gott kann liebevoll sein, gut zuhören und Kraft geben, auch wenn er nicht antwortet. In der Vorstellungswelt der Kinder von überall auf der Welt ist er ein Freund, dem man von seinen Problemen erzählen kann und den man um Beistand bitten kann und um Schutz, darum, dass man selbst oder vielleicht ein Bruder oder eine Schwester wieder gesund wird, um Mut vor einer Prüfung oder auch einfach nur um eine gute Nacht. Und dabei ist es egal, wie die Kinder Gott nennen: ob Allah, Jahwe, Krishna, Ganesha oder Jesus Christus.

Kambodscha

Sihanoukville

Beziehung
zur Heimat
entwickeln

Das CCPP (Cambodian Children's Painting Project) vermittelt den Kindern Stolz auf ihre Kultur und Verständnis für ihr kulturelles Erbe. In der Vergangenheit ist durch den Einfluss der Roten Khmer viel Reichtum verloren gegangen. Malend arbeiten die Kinder bei CCPP ihre Kultur auf und entwickeln eine Beziehung zu ihrer Heimat.

Konga Handoul, 14 Jahre, Kambodscha

Das Bild wurde auf eine Holzplatte gemalt.
Hier sieht man die Rückseite.

Lakshmishree, 13 Jahre, Indien: „Ich glaube, dass Gott allen gehört. Egal, wie du ihn anbetest und bittest, er hilft dir."

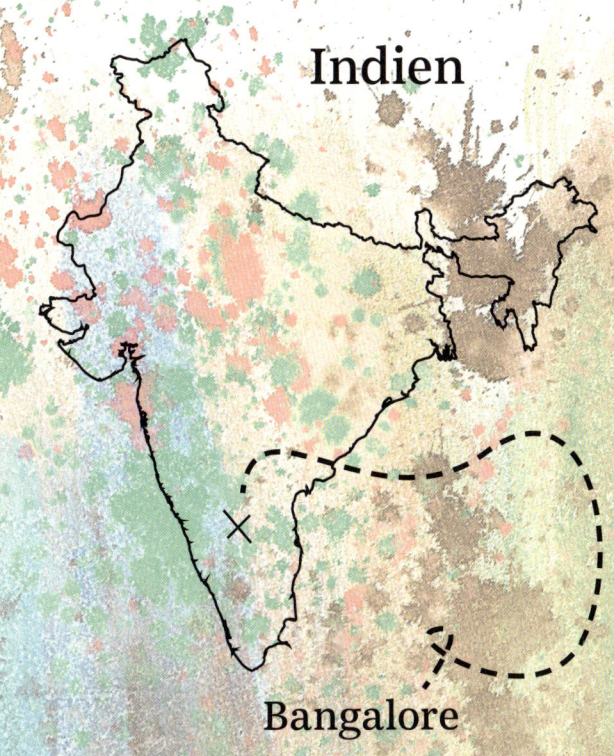

Indien

Bangalore

Lakshmishree, 13 Jahre, Indien: „Ich glaube, dass Lord Ganesha einem ein ganzes Leben lang alle Hindernisse aus dem Weg räumt. Er ist der freundlichste Gott von allen. Die meisten Künstler und wir Kinder lieben und verehren ihn und malen gern für ihn.

Ich liebe ihn, weil er mir die Kraft gibt, schwierige Aufgaben zu lösen. Ehe die Leute etwas anfangen, Geld verdienen, eine Reise machen oder geprüft werden oder ein Haus oder irgendein Gebäude bauen, beten sie, damit ihnen alle Schwierigkeiten aus dem Weg geräumt werden. Wir sind glücklich und froh, wenn an seinem Feiertag alle Straßen bunt geschmückt sind und wir Süßigkeiten bekommen, die der Lord Ganesha auch gern mag.

Dass es Leben auf der Erde gibt, hat er uns geschenkt, und Liebe und Freundschaft zwischen den Menschen. Lord Ganesha ist schon mit der ganzen Weisheit des Universums auf die Welt gekommen und hat uns viel beigebracht: ‚Vasadiavakam Kutumbakam' zum Beispiel bedeutet, dass die ganze Welt eine Familie ist und alle Menschen und Tiere und Rassen Brüder sind. ‚Sarve Jana Sukhinabhavanthu' heißt, jeder soll glücklich sein."

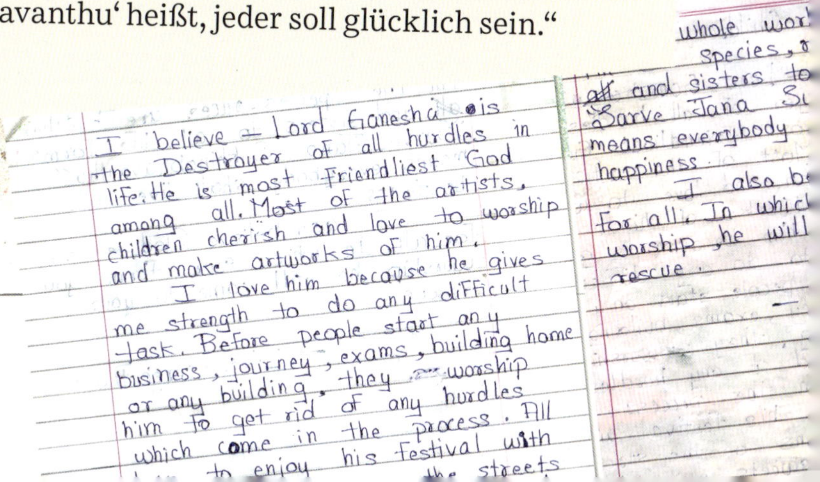

Lakshmishree, 13 Jahre, Indien

I believe – Lord Ganesha is the Destroyer of all hurdles in life. He is most Friendliest God among all. Most of the artists, children cherish and love to worship and make artworks of him.
I love him because he gives me strength to do any difficult task. Before people start any business, journey, exams, building home or any building, they worship him to get rid of any hurdles which come in the process. All to enjoy his festival with the streets

whole wor species a all and sisters to Sarve Jana Si means everybody happiness
I also b For all. In which worship he will rescue.

Maria, 7 Jahre, Bulgarien

Nicol, 7 Jahre, Bulgarien

„Ist Gott eine Frau?"

Bogdana, 11 Jahre, Republik Moldau

Florencia, 14 Jahre, Argentinien: „Ich glaube an Jesus, weil er für uns alle starb, um uns von unseren Sünden zu befreien. Deshalb habe ich in dieser Zeichnung die Person gezeichnet, die ich liebe."

„Wie heißt der liebe Gott?"

Pattariiya, 12 Jahre, Thailand

Alizey Khaleeli, 19 Jahre, Pakistan: „Weil ich glaube, dass wir alle in der Lage sind, unsere Meinung zu ändern, habe ich einen Schmetterling gemalt: Er symbolisiert Veränderung und Verwandlung. Nur weil ich einen Hidschab trage, bin ich noch lange keine Terroristin oder Extremistin. Das Weiß des Körpers steht für Frieden, während das Grün der Umrandung die Farbe der Moslems ist. Die Farben des Schmetterlings stellen Völker aller Rassen dar. Man sollte uns wegen unserer Hautfarbe oder der Kleidung, die wir tragen, nicht diskriminieren. Unser Herz ist groß genug, um die gesamte Menschheit aufzunehmen, heißt es. Ich zitiere diesen berühmten Satz, weil ich überzeugt bin, dass er stimmt und die heutige Welt begreifen sollte, dass unser Herz tatsächlich die gesamte Menschheit aufnehmen kann."

Islamabad

Pakistan

Bunte Kopftücher für ein neues Miteinander

Maryam Sher Ali, 13 Jahre, Pakistan: „Wir Mädchen in Pakistan wollen genauso geliebt werden wie unsere Brüder. Manche von uns tragen ein Kopftuch, manche nicht. Wir haben aber die gleichen Träume wie ihr."

Fauzia Minallah, Funkor Child Art Centre, Pakistan: **Die Möglichkeit des freien kreativen Ausdrucks und der Spaß** an kindlicher, ungehemmter Kreativität bedeuten für viele Mädchen in Pakistan eine Chance gehört zu werden oder ein einfaches Zeichen zu setzen. Die pakistanische Künstlerin und Menschenrechtlerin Fauzia Minallah arbeitet mit Kindern und Jugendlichen aus allen gesellschaftlichen Gruppen – manche kommen innerhalb des Projektes „Woran Kinder glauben" zum ersten Mal in Berührung mit Kunst. Mädchen im Alter von 10 bis 19 Jahren bemalen Kopftücher mit Bildern und Botschaften.

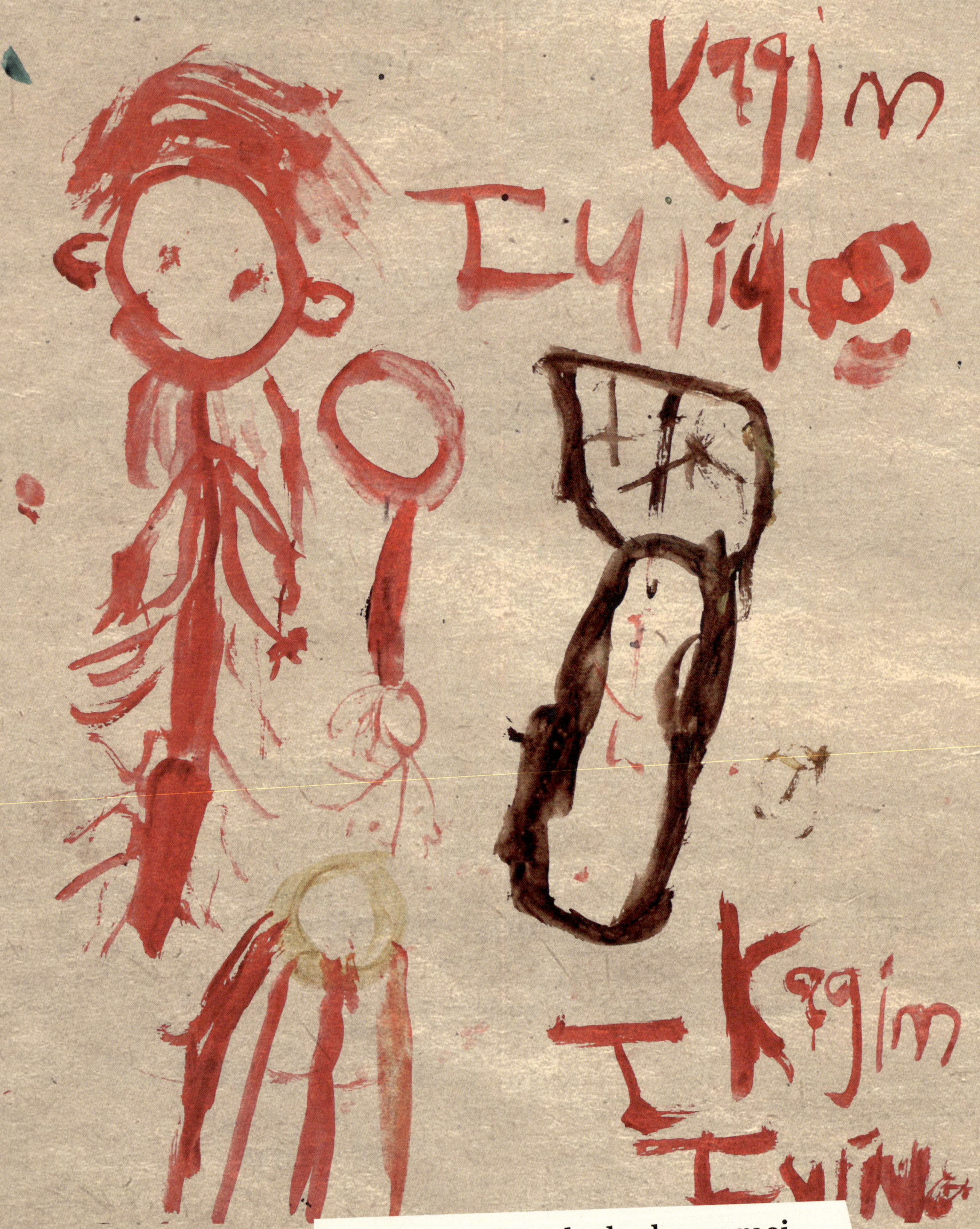

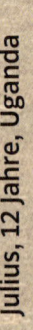

Julius, 12 Jahre, Uganda: „Ich glaube an meinen Onkel und an Gott. Ich habe die Familie meines Onkels gemalt."

Julius, 12 Jahre, Uganda

Emma, 12 Jahre, Uganda

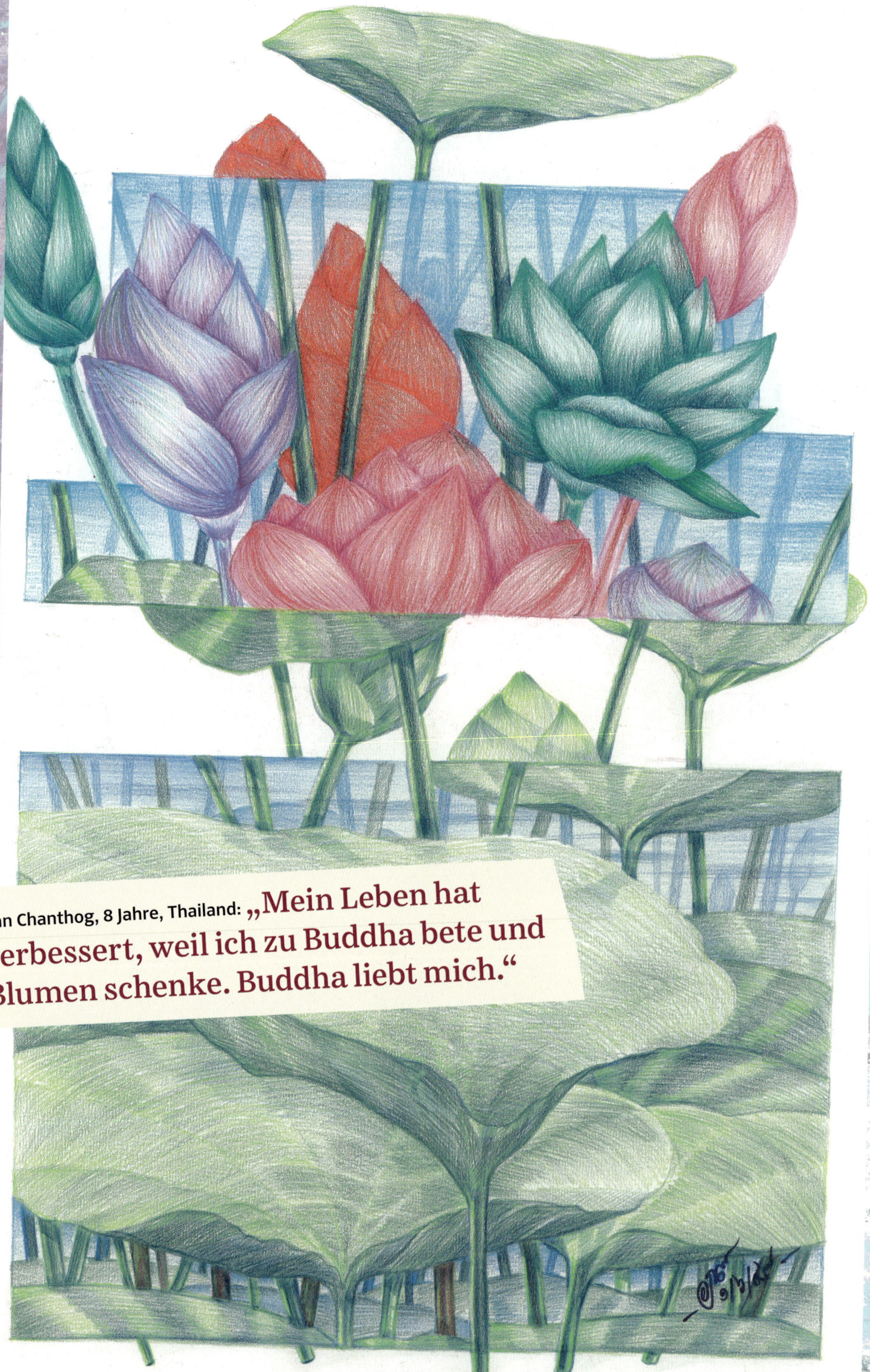

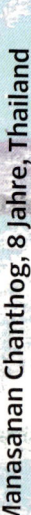

Manasanan Chanthog, 8 Jahre, Thailand: **„Mein Leben hat sich verbessert, weil ich zu Buddha bete und ihm Blumen schenke. Buddha liebt mich."**

Manasanan Chanthog, 8 Jahre, Thailand

4/06/06

„Der Koran"

Nuha, 13 Jahre, Vereinigte Arabische Emirate

DER MENSCH HAT DEN LIEBEN GOTT IN DER KIRCHE EINGESPERRT WIR MÜSSEN IHN BEFREIEN

Für uns Kinder ist die Kirche ein etwas anderes Gebäude.
Ich wurde dort getauft. Ich dachte immer, da leben tote Menschen. Der Pfarrer erklärte mir aber, es sei das Haus Gottes. Ich bin oft hin und wollte Gott dort treffen, er war aber nie da. Ich wollte ihm ins Ohr flüstern, dass die großen Menschen auf der ganzen Welt sich ständig wegen Gott und der Kirche streiten und ihn bitten, dass er diesen Streit stoppt.

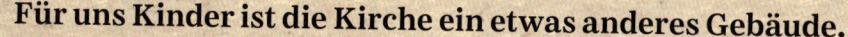

Ich glaube an meine Religion!

Religion und Gott – ist das nicht dasselbe? Nein, ist es nicht. Natürlich gehört es zu den allermeisten Religionen dazu, an Gott zu glauben. Aber die Religion ist das, was die Menschen daraus machen. Deshalb gibt es zum Beispiel gleich drei Religionsgemeinschaften, das Christentum, den Islam und das Judentum, die alle zu demselben Gott beten. Deswegen gibt es hin und wieder Streit zwischen den Gemeinden, ob nicht die einen Recht haben oder die anderen. Doch deshalb gibt es umgekehrt auch Freundschaft, gemeinsames Feiern und die Freude daran, dass die Menschen trotz aller Meinungsverschiedenheiten doch zusammenstehen und füreinander da sein können.

Religionen schaffen eine Gemeinschaft. Sie bieten ihren Mitgliedern Rituale und Traditionen an, mit denen man sich in der Welt zurechtfinden kann. Darin unterscheidet sich das Christentum, die mit knapp zweieinhalb Milliarden Mitgliedern weltweit größte Glaubensgemeinschaft, ja nicht vom Daoismus, dem Shintoismus, dem Islam oder auch einer Religion wie dem Buddhismus, die ganz ohne den Glauben an einen Gott auskommt, der alles geschaffen hat.

In der Fantasie der Kinder ist diese Gemeinschaft ein Schatz, der in der Kirche, im Tempel oder in der Moschee gehütet wird: ein Schatz, der ihnen das Gefühl gibt, dazuzugehören. Und es ist ein Schatz, der aus dem Gotteshaus hinauswirken kann in die Welt, wenn die Menschen ihre Hände ausstrecken und zusammenhalten.

„Alle Kirchen und alle Menschen sind Freunde."

Sharmin, 12 Jahre, Bangladesh

„Wir gehen in die Moschee."

Indonesien
China
Australien

We are go

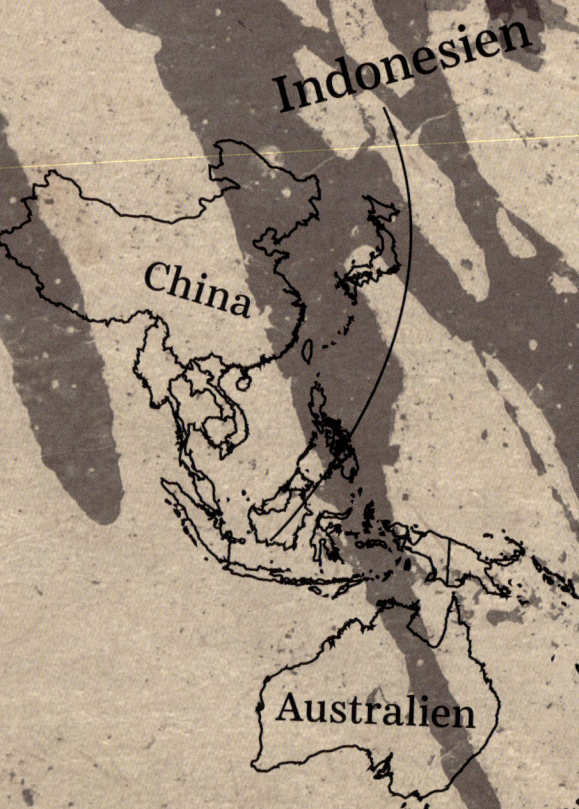

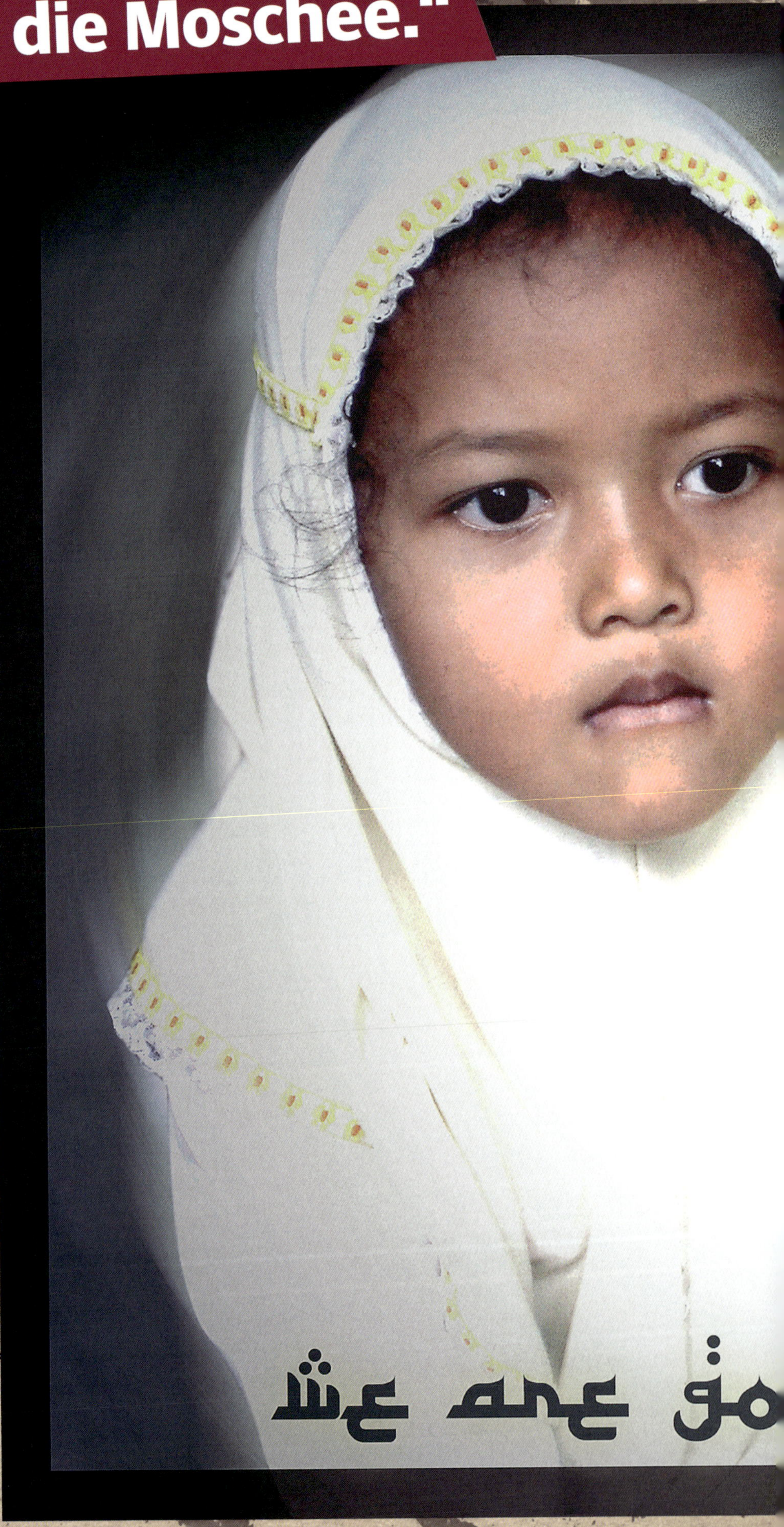

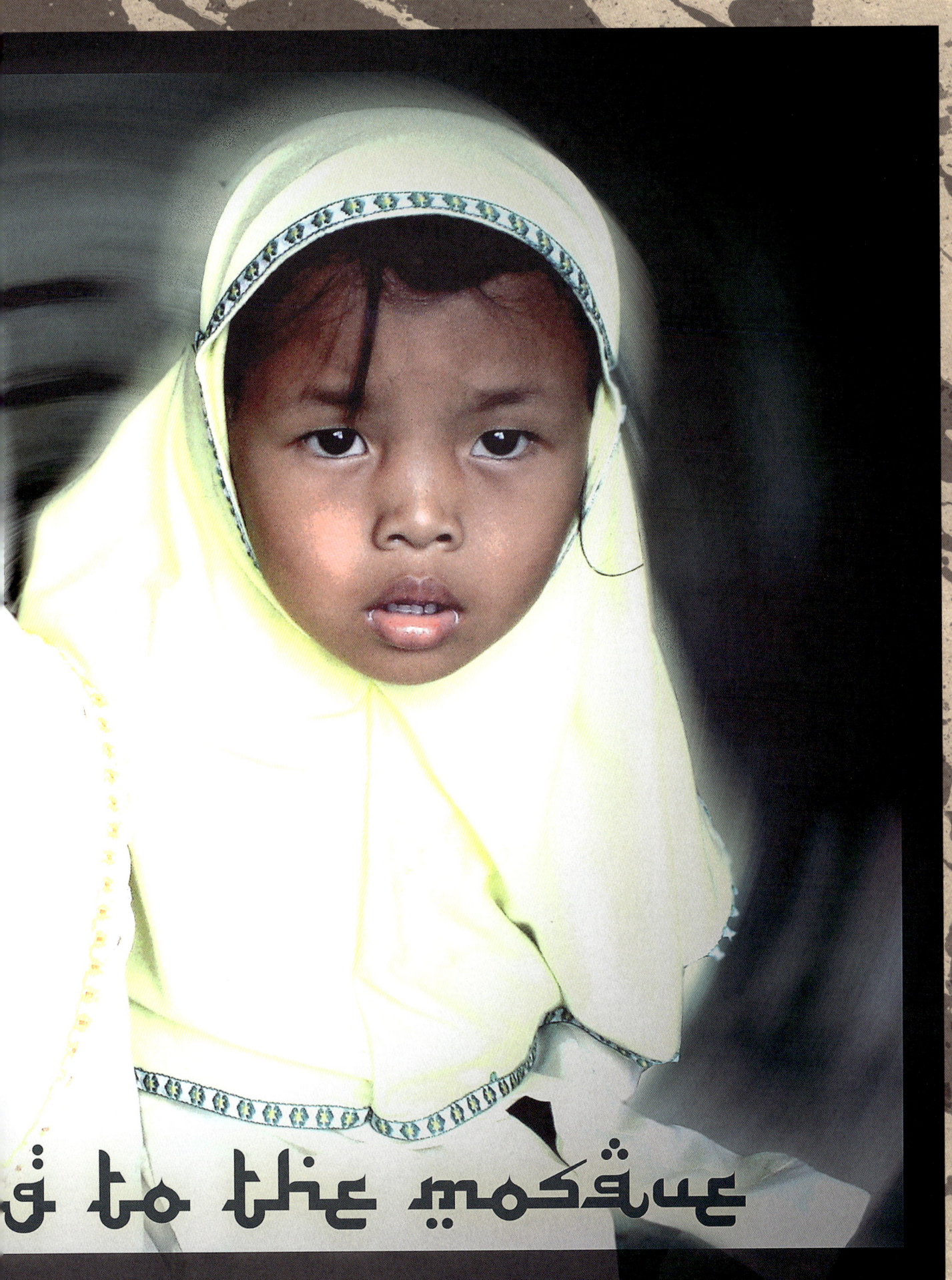

g to the mosque

Qanita Qamarani, 14 Jahre, Indonesien

Michael, 9 Jahre, Südafrika

„Allah ist groß."

Mira, 14 Jahre, Vereinigte Arabische Emirate

„Ich glaube an
meine Religion."

„Armenien ist ein christliches Land."

Anahit, 16 Jahre, Armenien

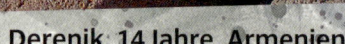

Derenik, 14 Jahre, Armenien

114

Ashot, 15 Jahre, Armenien: „Niemand hat die Menschen eingesperrt und ihnen erzählt, dass sie Gefangene sind – der Ausgang ist so nah.“

EXIT

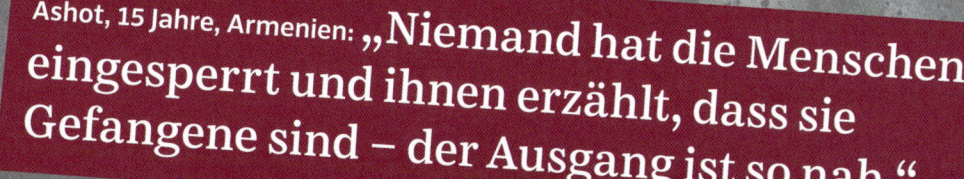

Ashot, 15 Jahre, Armenien

Georgien

Armenien

Türkei

Aserbaidschan

Adeela, 18 Jahre, Pakistan: „In meinem Bild geht es um die friedliche Nachbarschaft zwischen Moslems und Christen."

Adeela, 18 Jahre, Pakistan

Mela, 9 Jahre, Israel

Aurelia, 6 Jahre, Deutschland: „Der Stern bei ihnen ist wie das Kreuz bei uns."

„Jede Kultur hat ihr Gebetshaus."

Clara, 16 Jahre, Deutschland: „Der Glaube gibt Möglichkeiten, sich selbst zu finden. Durch Rituale, die über Jahrhunderte überliefert werden, glaubt und betet jeder für sich selbst und doch in der durch die gemeinsamen Bräuche zusammengehaltenen Gemeinschaft. Religiöse Räume sind Orte der inneren Ruhe und der Ehrfurcht: Der Zen-Garten bietet Glaubensraum, die Menschen befinden sich außerhalb, keiner betritt den Raum, obwohl nirgends eine Absperrung ist."

Clara, 16 Jahre, Deutschland

Hamid-Reza, 13 Jahre, Iran

Alexey, 16 Jahre, Russland: „Die Kirche ist ein Totenhaus. Da liegen ganz viele Tote."

Alexey, 16 Jahre, Russland

Die Kinder von ‚AMECC–associação menores com christo' feiern Palmsonntag im Freien.

„Wir bauen einen Tempel aus Holz und malen ihn an."

Palmsonntag
in Paraiba, Brasilien

Paraiba

Brasilien

DIE ROBOTER HABEN DIE FÜHRUNG ÜBERNOMMEN

SIE WERDEN SIE BEHALTEN BIS DIE MENSCHEN AUS IHREN FEHLERN GELERNT HABEN

Die Kinder in der modernen Gesellschaft spielen mit Nintendo, Tamagotchi, Playstation und treffen sich im Internet auf Facebook oder anderen virtuellen Plattformen. Ich dachte immer, dass die Roboter technisch gesteuerte Monster sind und die Welt erobern wollen. Die Programme, die sie ausführen, sind aber von Menschen programmiert, die dann ein Bestandteil dieser Programme werden und sich im Spiel verlieren. Dann übernehmen die Roboter die Führung.

Maria, 10 Jahre, Bulgarien

125

Ich glaube

an Roboter!

Roboter bauen: Damit beschäftigen sich die Menschen schon ziemlich lange. Schon in der Antike, in der Zeit der alten Griechen, haben findige Techniker Musikmaschinen konstruiert oder auch Automaten, die Theaterstücke abspielen konnten, ohne dass sie jemand bedienen musste. Im späten Mittelalter dann zeichnete Leonardo da Vinci in Italien Fluggeräte und knifflige mechanische Apparate – und zur gleichen Zeit entstanden in ganz Europa komplizierte Uhren, die nicht nur die Zeit messen, sondern den ganzen Kosmos darstellen sollten, mit Sonne, Mond und Sternen sowie mit kleinen, beweglichen Figuren. Ein Beispiel für eine solche Uhr steht heute unter anderem in der Münchner Frauenkirche, links hinter dem Altar. Leider ist die Uhr kaputt, und es weiß niemand, wie man sie reparieren kann.

Heute ist die Technik darüber weit hinausgeschritten. Und in der fantastischen Vorstellungswelt der Kinder gibt es längst keine Grenzen mehr: Maschinen sind intelligent und verfolgen ihre eigenen Ziele, Menschen leben mit eingebauten Computern, die Technik ist überall. Doch je mächtiger die Maschinen geworden sind, desto größer ist auch die Skepsis vieler Menschen geworden. Werden sie vielleicht abhängig von den Robotern? Übernehmen die Maschinen nicht vielleicht sogar die eigentliche Kontrolle? Geht die Natur kaputt? Der Optimismus, dass mit Technik alles besser wird, ist verschwunden, sogar in der Fantasie der Kinder. Da ist deutlich zu spüren: Manchen ist das, was sie zu Papier gebracht haben, nicht so recht geheuer.

„**Der Computer ist der neue Herrscher.**"

Adriana, 10 Jahre, Bulgarien

130

„Der Mensch der Zukunft ist ein homo amused."

Ksenia, 14 Jahre, Russland: „Ich denke, dass es in ferner Zukunft einen riesigen Disco-Club geben wird, in dem die Menschen der gesamten Welt miteinander reden und sich entspannen."

Ksenia, 14 Jahre, Russland

„Der allmächtige Computer"

Kaan, 10 Jahre, Türkei

„Mein geklontes Spielzeug"

Kaan, 10 Jahre, Türkei

Sarah, 10 Jahre, USA

„Roboter steuern das menschliche Gehirn."

Divva, 13 Jahre, Indien: „Wenn sie Roboter bauen, denken heutzutage viele Menschen, dass sie weniger arbeiten müssen und sich genüsslich zurücklehnen können. Aber dieses faule Leben ist ein Fehlschluss, weil nämlich schon langsam der Roboter die Herrschaft über das menschliche Gehirn übernimmt, der Mensch überflüssig wird und geistig lahm."

Divya, 13, Jahre, Indien

Hee Jr, 5 Jahre, Korea

Mastin, 9 Jahre, Paraguay

Marzyeh, 10 Jahre, Iran

„Ich glaube an Aliens!"

Fatma, 13 Jahre, Vereinigte Arabische Emirate

Jilliam, 11 Jahre, USA

„Der Roboter, mein Spielzeug und mein Spielkamerad"

Stefka, 13 Jahre, Bulgarien

Chantal, 10 Jahre, Deutschland

„Ich glaube an mein Handy.
Mein Handy ist mein Leben."

Wenn Kinder an das Unglaubliche glauben

Als Elena Janker vor ein paar Jahren zum ersten Mal davon hörte, dass auch Kinder einen Schlaganfall bekommen können, verspürte sie gleich den Wunsch, mit diesen Kindern zu malen. Deswegen freute sie sich sehr über die Einladung der Stiftung Deutsche Schlaganfall-Hilfe. Ganz offen und unvoreingenommen begegnete sie den Kindern und teilte mit ihnen die Freude an der Kunst. Die Kinder malten nach Herzenslust mit Rolle und Farbe auf große Leinwände. Die Freude am Schöpfen brachte alle nach und nach dazu auch die kranke, gelähmte Hand zu benutzen. Die Hände, die so lange leblos und nutzlos gewesen waren, arbeiteten jetzt, hielten die Rolle, rollten sie, malten, malten. Mit unglaublicher Mühe zwar, aber voller Kraft. Ein kleines Mädchen sagte: „Mein Daumen kennt die Bewegung noch nicht, massier ihn bitte." Und danach malte sie mit dem fast vergessenen Daumen weiter.

Die Kinder öffneten ihre innersten Räume und erzählten Geschichten, die lange versteckt waren. Ihre bewegenden Geschichten sind in den Farbspuren auf den bewegten Bildern zu lesen. Es sind Bilder einer besonderen Intensität, von leuchtender Farbigkeit mit Spuren, die ganz besonders sind, weil sie erlitten sind. Und am Ende des Tages zauberte nicht nur der Stolz auf ihre Werke ein Strahlen auf die Gesichter der Kinder: Ihre sonst so verkrampften Finger hatten sich durch das Malen ein bisschen geöffnet und entspannt. Die Hände dieser Kinder zeigen uns, was man schaffen kann, wenn man nur daran glaubt. **Denn Kinder glauben an das Unglaubliche und vollbringen Wunder!**

Liz Mohn, Gründerin und Präsidentin der „Stiftung Deutsche Schlaganfall-Hilfe"

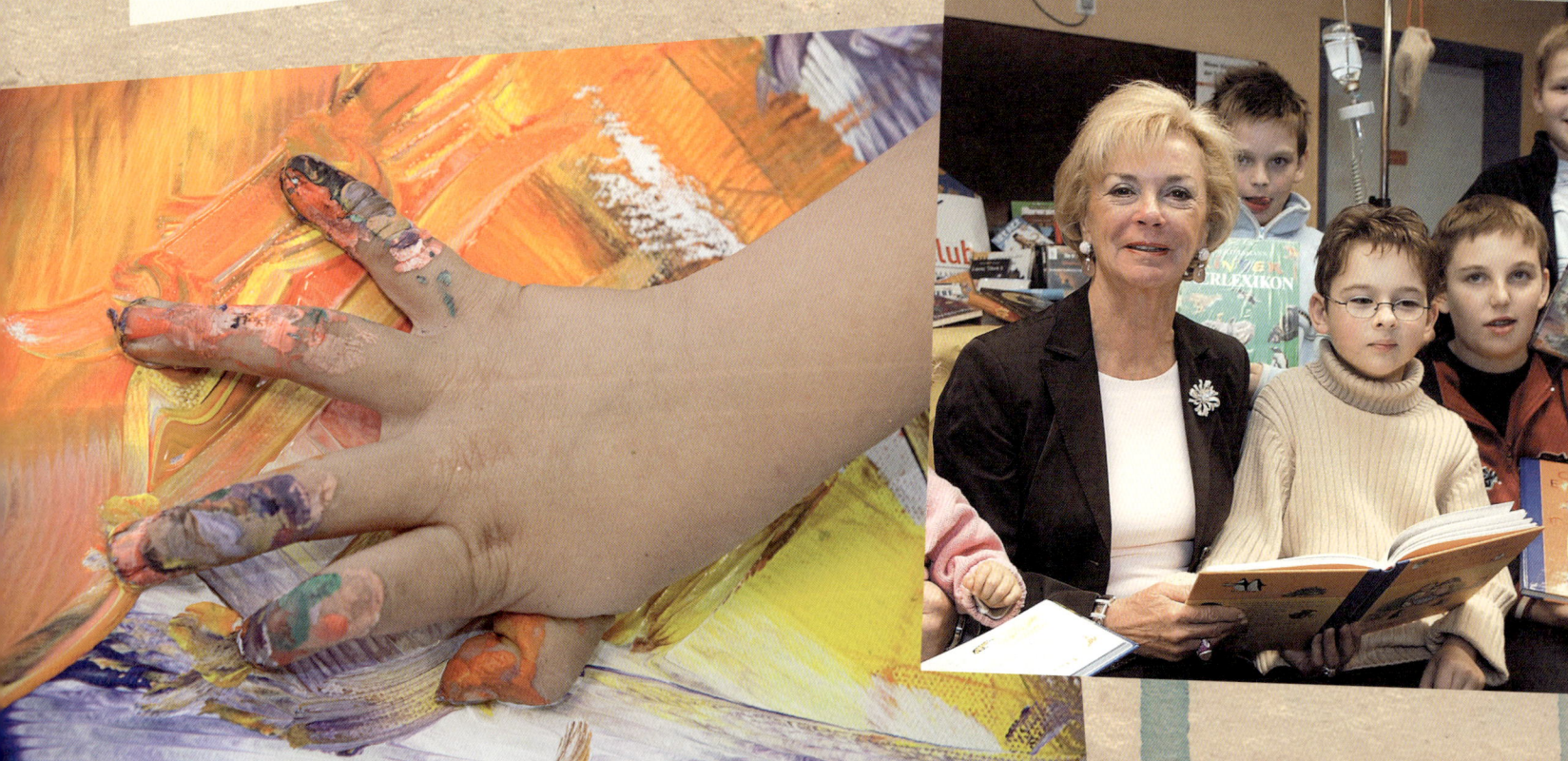

Maxi, 9 Jahre, Deutschland: „Kannst du nicht ein Kunstmuseum bauen, damit wir unsere Bilder dort ausstellen?"

Elena Janker und Jule

Workuta

Russland

Moskau

Roman, 15 Jahre, Russland: „Es scheint mir, dass unsere Zukunft ein Triumph und ein vollständiger Sieg der Mechanik und Technologie über die Natur und den Menschen sein wird. Als Resultat der technischen Transformation auf unserem Planeten wird es keinen Platz mehr für Tiere und Vögel geben, um ihre Nester zu bauen und ihre Brut aufzuziehen. Dies wird ein großer Verlust für die Menschheit sein."

UTOPIA

JEDES KIND DER WELT HAT EINEN SCHUTZ ENGEL

Überall, wohin ich gehe, habe ich meinen Schutzengel dabei. Als ich klein war, habe ich ihn Todo genannt und gedacht, Todo ist ein unsichtbares Kuscheltier. Inzwischen bin ich groß und weiß, dass Todo wirklich mein Schutzengel ist. Überall auf dieser Welt, von Moskau über die Türkei bis in den Iran glauben Kinder an Schutzengel. Ob Schutzengel die Sprache der Kinder sprechen? Wer weiß?

Ich glaube an Engel!

Dass es Engel gibt, darin sind sich Juden, Muslime und Christen einig. Sie sind Boten Gottes, geben seinen Willen an die Menschen weiter und begleiten sie in schwierigen Zeiten. Wie ein solcher Engel – oder ein „Malak" oder „Mal'ach", wie es im Islam und im Judentum heißt – aber aussieht, da gehen die Vorstellungen auseinander. Muslime glauben, dass ein Engel sichtbar ist, dass er aus Licht besteht, dass er aber auch die Gestalt eines Menschen annehmen kann. Für Juden und Christen dagegen sind Engel meist unsichtbare Geistwesen. Wenn sie doch einmal in Menschengestalt auftreten, dann stellen sich die Menschen die Engel meist mit Flügeln und in wallenden Kleidern vor, so wie auf den Bildern im folgenden Kapitel.

Kindern sind Engel besonders nahe: Sie sind nicht einfach nur da, sondern sie sind ganz persönliche Begleiter, die aufpassen, dass einem nichts Böses widerfährt. Es gibt viele von ihnen, der Fantasie sind keine Grenzen gesetzt. Man kann sie malen, und man kann sie sogar in Gestalt eines Amuletts um den Hals tragen und spüren.

Und in einer Welt der Kinder, die noch voller Zauber und Geheimnisse ist, da helfen Engel dabei, sich wohlzufühlen.

„Die Schutzengel sind überall. Sie heißen nur anders."

Mohammed, 12 Jahre, Iran

152

Jonathan, 12 Jahre, Südafrika

Sara, 6 Jahre, Kroatien

„Sind Engel nur gelb?"

Marina, 10 Jahre, Polen

„Der Schutzengel passt auf mich auf."

„In meinem Traum erscheinen Engel.“

Peteris, 5 Jahre, Litauen

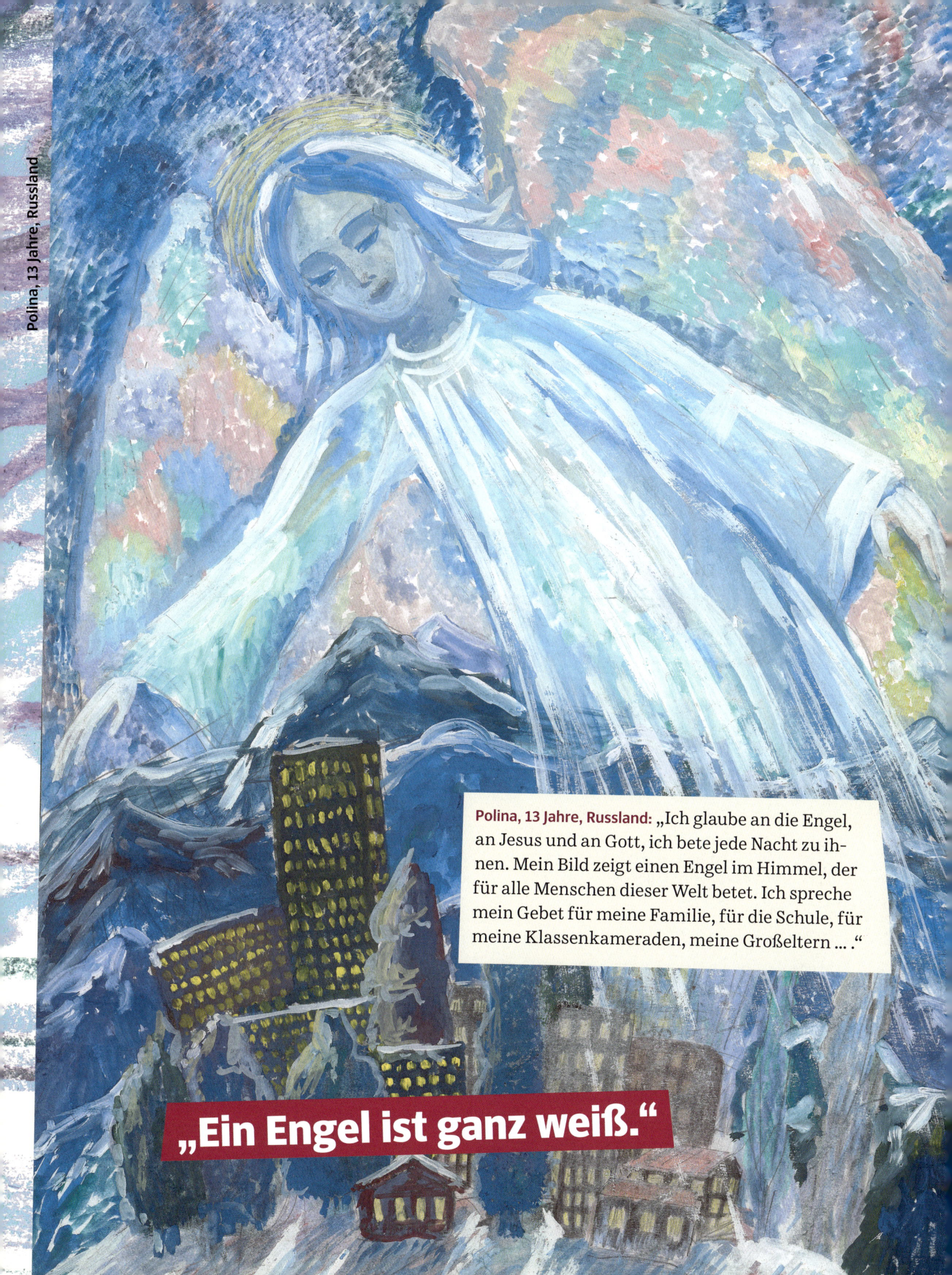

Polina, 13 Jahre, Russland: „Ich glaube an die Engel, an Jesus und an Gott, ich bete jede Nacht zu ihnen. Mein Bild zeigt einen Engel im Himmel, der für alle Menschen dieser Welt betet. Ich spreche mein Gebet für meine Familie, für die Schule, für meine Klassenkameraden, meine Großeltern … ."

„Ein Engel ist ganz weiß."

„Engel sind gut und sie verjagen die bösen Geister."

Katrina, 8 Jahre, Lettland

„Ich glaube an die Weltengel."

Mahyar, 10 Jahre, Iran

„Ich glaube an gute Botschaften."

AVE MARIA

163

Alexander, 7 Jahre, Deutschland: „Jesus wurde nicht gekreuzigt, weil er seinen Schutzengel bei sich hatte. Das Kreuz ist allein geblieben und die Schweizer haben es für ihre Flagge genommen."

Alexander, 7 Jahre, Deutschland

Evelyn, 9 Jahre, USA: „Der Schutzengel ist von Anfang an dabei. Wenn man geboren wird, kriegt man einen Schutzengel."

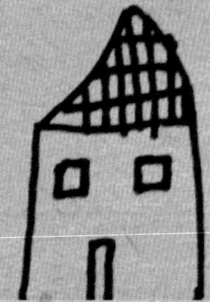

Selina, 7 Jahre, Liechtenstein

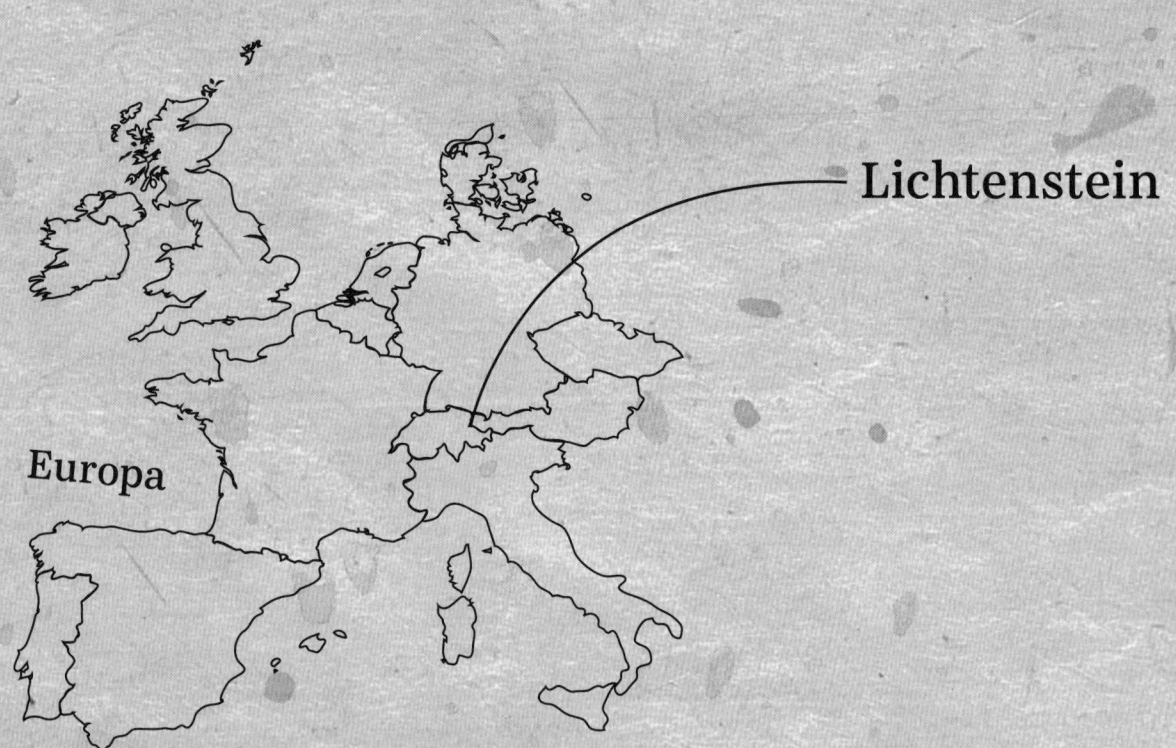

Europa

Lichtenstein

Julia, 8 Jahre, Lichtenstein

Julia, 8 Jahre, Lichtenstein

Lisa, 8 Jahre, Lichtenstein

Severin, 7 Jahre, Lichtenstein

Evelyn, 9 Jahre, USA: „Ich habe ein Kuscheltier als Schutzengel. Es ist ganz kuschelig. Die Augen sind abgegangen und ich habe selber blaue Knöpfe als Augen angenäht. Dann habe ich mein Kuscheltier verloren. Der Schutzengel ist aber immer noch bei mir.“

Alexander, 4 Jahre, Deutschland

Ledle, 9 Jahre, Lettland

Nastja, 8 Jahre, Lettland

Karlen, 5 Jahre, Armenien

169

Leticija, 9 Jahre, Lettland

Solomiya, 12 Jahre, USA

Ana, 10 Jahre, Slowenien: „Ich glaube an das Paradies."

Nazeri, 10 Jahre, Iran

Zan, 10 Jahre, Slowenien

Cem, 6 Jahre, Türkei

„Engel sind verschieden."

Anja, 5 Jahre, Weißrussland

Preslava, 9 Jahre, Belgien

Ana, 10 Jahre, Slowenien

Magdalena, 10 Jahre, Österreich

Ghazal, 8 Jahre, Iran

Grenzenlos mit Farbe umgehen

Ein Engel für Dich

Selbstdarstellung - Bodypainting

„Es mag manchmal wild aussehen, ist aber eine wunderbare Möglichkeit, Gefühlen Ausdruck zu verleihen und Energien zu befreien."

Das Kinderdorf Paraiba in Brasilien

Die Jungen der ASSOCIACAO MENORES COM CRISTO in Brasilien sind sogenannte „Sozialwaisen", die aufgrund ihrer schwierigen, persönlichen familiären Bedingungen nicht zu Hause leben können. Viele von ihnen haben eine Zeit auf der Straße gelebt und traumatische Erfahrungen gemacht. Oft haben sie Schwierigkeiten, sich zu konzentrieren.

Dominique Gartman, Künstlerin aus Deutschland, hat viele Sternennächte mit den Jungen auf einem Wassertank im Kinderdorf in Paraiba verbracht und ihr Vertrauen gewonnen.

Sie führt die Kinder an die Kunst heran und fragt sie, woran sie glauben. Sie erzählen durch ihre Bilder. Sie glauben an die Kraft des Ausdrucks, an Gott und das Universum und an die Engel, die sie beschützen.

Ob töpfern, malen, gestalten oder sich selbst bemalen, die Kinder sprudeln vor Lebensfreude. Diese Kräfte zu kanalisieren und sich zu konzentrieren geht am besten beim schöpferischen Tun mit Dominique, die extra dafür aus Deutschland zu ihnen gereist ist.

FRIEDEN
FÜHLT SICH WIE
MAMA AN
ICH GLAUBE AN
DIESEN
FRIEDEN

Mama, Mutter, Mother, Madre, Maika brabbeln die Kinder, bevor sie gehen können. Ihrer Mutter schenken sie Liebe und ihr ganzes Vertrauen. Sie ist ihr Zuhause, ihr Schutz und ihre Orientierung. Sie kocht für sie, wenn sie Hunger haben und tröstet sie, wenn sie weinen. Sie ist die Mutter Gottes, sie ist das weibliche, liebevolle Prinzip des Lebens.

Sumayah, 11 Jahre, Vereinigte Arabische Emirate

Ich glaube an meine Mutter!

Was passiert, wenn sie nicht mehr ist? In vielen Volksmärchen wird diese Urangst zur Wirklichkeit. Bei „Hänsel und Gretel", bei „Schneewittchen", bei „Aschenputtel", stets verlieren die Kinder zu Beginn der Geschichte ausgerechnet ihre Mutter, sie bleiben alleine zurück. Manchmal hinterlässt sie den Kindern etwas, woran sie sich festhalten können, ein Amulett vielleicht oder einen Baum. Doch ohne die Mutter ist die Welt nicht mehr derselbe Ort. Sie ist trist und fremd und überall lauern Gefahren.

Bei ihrer Mutter fühlen sich Kinder dagegen geborgen und sicher. Es ist kein Zufall, dass zu Beginn eines Märchens so oft die Mutter sterben muss: Wenn sie fehlt, dann wird aus dem Spiel bitterer Ernst. Eine Mutter bedeutet Liebe, Kraft und Frieden. Sie ist eine starke Frau, die ihre Kinder beschützen kann, die ihnen Sicherheit gibt und ihnen dadurch erst ermöglicht, kreativ zu sein, Abenteuer zu wagen und Neues auszuprobieren.

Und eine Mutter liebt ihre Kinder bedingungslos, unabhängig davon, wer sie sind und was sie tun. Dieses Gefühl, aufgehoben und genauso angenommen zu sein, wie sie sind, macht Kinder stark – und diese Stärke spricht vielfach aus den folgenden Bildern.

„Mama,
Du bist mein Auge.
Du bist mein Schrank.
Du bist mein Glas.
Du bist mein Auge.
Unvergessliche Flügel."

Dein Arthur

Mama
Du bist mein Auge
Du bist mein Schrank
Du bist mein Glas
Du bist mein Auge
unvergeßliche Flügel
Dein Arthur

Arthur, 8 Jahre, Deutschland

Bettina, 11 Jahre, Bulgarien

„Gottesmutter"

„Die Frau von heute"

Syuzi, 11 Jahre, Armenien

„Mutter und ich – das ist Schöpfung."

Blagowesta, 7 Jahre, Bulgarien

Maria, 7 Jahre, USA

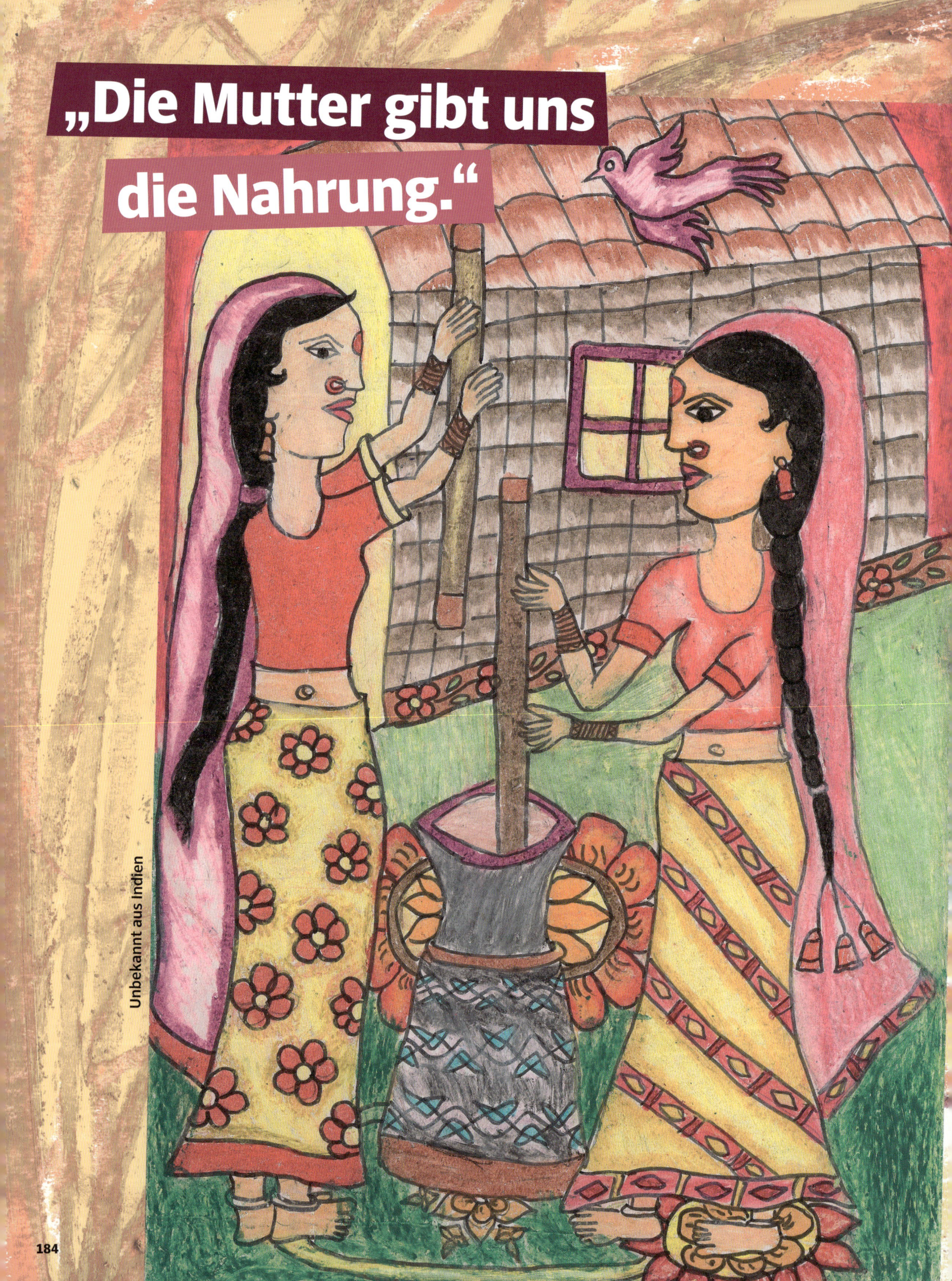

„Die Mutter gibt uns die Nahrung."

Unbekannt aus Indien

Anezka, 14 Jahre, Slowakei

Eine Generation ohne Mutter und Vater

Von der Welt vergessen, von den Müttern und Vätern verlassen. 4,5 Millionen Einwohner hat die Republik Moldau, 1 Million arbeitet im Ausland. Um das Geld für ihre Familien zu verdienen, müssen die Eltern ihre Kinder alleine lassen. Oft kommen sie jahrelang nicht zurück.

Einsamkeit und Sehnsucht prägen die Geschichten der Kinder – spiegeln sich im Asphalt der Stadt Chisinau. „Ich bin betongrau gelaunt", schreibt eine 16-jährige. Ihr Zuhause sei der „kalte, einsame Stein". Da sind eine Armut und eine Leere, wo die Geborgenheit, die Kraft und der Schutz der Mutter fehlen. Aber da sind auch der Überlebenswille, der Wunsch und der Traum von einem besseren Leben und ein Reichtum an Ideen. Da wachsen wilde Blumen im Hinterhof und Gras zwischen den Pflastersteinen. Diese jungen Menschen leben nicht einfach nur, sie erkämpfen es sich jeden Tag.

Republik Moldau

Ukraine

Rumänien

Diesen Mut und diese sprühende Kreativität sieht man auch in ihren Bildern. Und den Wunsch, nicht mehr verlassen und vergessen, sondern mit der Welt verbunden zu sein: Als die Künstlerin Mariana Scvortova von der Deutsch-Moldauischen Gesellschaft in Moldau das Projekt „Woran Kinder glauben" ausgeschrieben hat, haben Kinder und Jugendliche über 1000 Werke an little ART geschickt.

Ich wohne hier.

Wer nicht von Verwandten aufgefangen wird, kommt ins Heim.

Auf dem Schulhof

Meine Mutter und ich

Im Klassenzimmer

Kreativität als Überlebensstrategie

„Zukünftige Könige der Welt"

Gulim, 17 Jahre, Kasachstan

Pooja, 13 Jahre, Indien: „Hände, die die Wiege schaukeln, regieren die Welt nach natürlichen Gesetzen. Sie sind zart wie eine Feder und dennoch stark. In der Zukunft werden die Frauen die Welt regieren."

Ayala, 15 Jahre, Kasachstan

„Unsere Mütter"

Ilea, 9 Jahre, Rumänien

Shika, 10 Jahre, Vereinigte Arabische Emirate

Nasibeh, 12 Jahre, Iran

Rajeschwari, 11 Jahre, Indien

191

Richard, 11 Jahre, Ghana

Richard kam im Januar 2007 ins Waisenhaus, nachdem er im Dezember 2006 aus der Sklaverei gerettet wurde. Richard wurde von entfernten Verwandten in die Sklaverei verkauft und kann sich an keine anderen Verwandten, außer einem älteren Bruder, erinnern. Er ist ein ruhiger und aufmerksamer Junge, der es liebt zu malen. Er ist extrem intelligent und sein Lächeln erhellt jeden Raum.

Richard, 11 Jahre, Ghana

„Ohne Mutter und Vater.
In die Sklaverei verkauft.“

Hagar kam im Januar 2007 ins Waisenhaus, nachdem sie und ihr jüngerer Bruder Mark aus der Sklaverei gerettet wurden. Sie wurden beide von ihrer Mutter in die Sklaverei verkauft. Hagar ist eine Führungsperson unter den Mädchen im Waisenhaus und dank dieser Stärke bleibt sie positiv und voll Energie.

Hagar, 13 Jahre, Ghana

Hagar, 13 Jahre, Ghana

VATER UNSER

WER BIST DU?

Wenn ich die Bilder der Kinder aus aller Welt anschaue, die bei little ART eingegangen sind, habe ich das Gefühl, das sich das Vaterbild nicht verändert hat. Der Vater ist der Fischer, der Jäger, der Krieger, er hat Bart und ist heute Kraftfahrzeugmechaniker. Er ist stark und mächtig. „Ich glaube an meinen Vater und hoffe, ich werde auch ein großer Mann."

Karla, 7 Jahre, Serbien

Ich glaube an meinen Vater!

Er hat einen wallenden weißen Bart. Er ist streng, aber gerecht. Er ist liebevoll und gütig, aber auch konsequent. Und er ist vor allem stark und mächtig: Was er will, das geschieht. Gott – oder besser: diese Vorstellung von Gott – ist wohl der berühmteste Vater der Welt. Doch was für ihn im Großen gilt, das gilt für jeden Papa auf der Welt im Kleinen.

Kinder brauchen ihre Väter. Wie sehr das stimmt, finden Wissenschaftler erst in jüngerer Zeit immer wieder heraus. Väter sind Vorbilder und Beschützer, und sie zeigen ihren Kindern, wie man in der Welt zurechtkommt. Ausdauer, Selbstvertrauen und Widerstandskraft, all das lernen Kinder in besonderer Weise von ihren Vätern. Und gerade für Jungen ist der Vater oft auch der erste, an dem sie sich reiben können, damit sie lernen, auf eigenen Füßen zu stehen.

In der Vorstellungswelt der Kinder werden Väter deshalb manchmal zu Unterdrückern, die offensichtlich Unsinniges einfordern. Doch meistens sind sie Helden: Väter sind Ritter, Könige und Menschen, die mit beiden Beinen im Leben stehen. So wie später ihre Kinder.

Teodora, 8 Jahre, Bulgarien

Lee, 7 Jahre, Vietnam: „Mein Vater lebt in einem fremden Land. Ich kann meinen Vater nicht treffen. Aber ich liebe und vermisse ihn sehr. Aus diesem Grund möchte ich ein Vogel sein, damit ich am Himmel fliegen kann. Ich werde nach Kuwait fliegen, um meinen Vater zu treffen."

„Mein Vater ist Jäger."

Madhavi, 13 Jahre, Indien

„Ich glaube an meinen Vater."

David, 13 Jahre, Slowakei

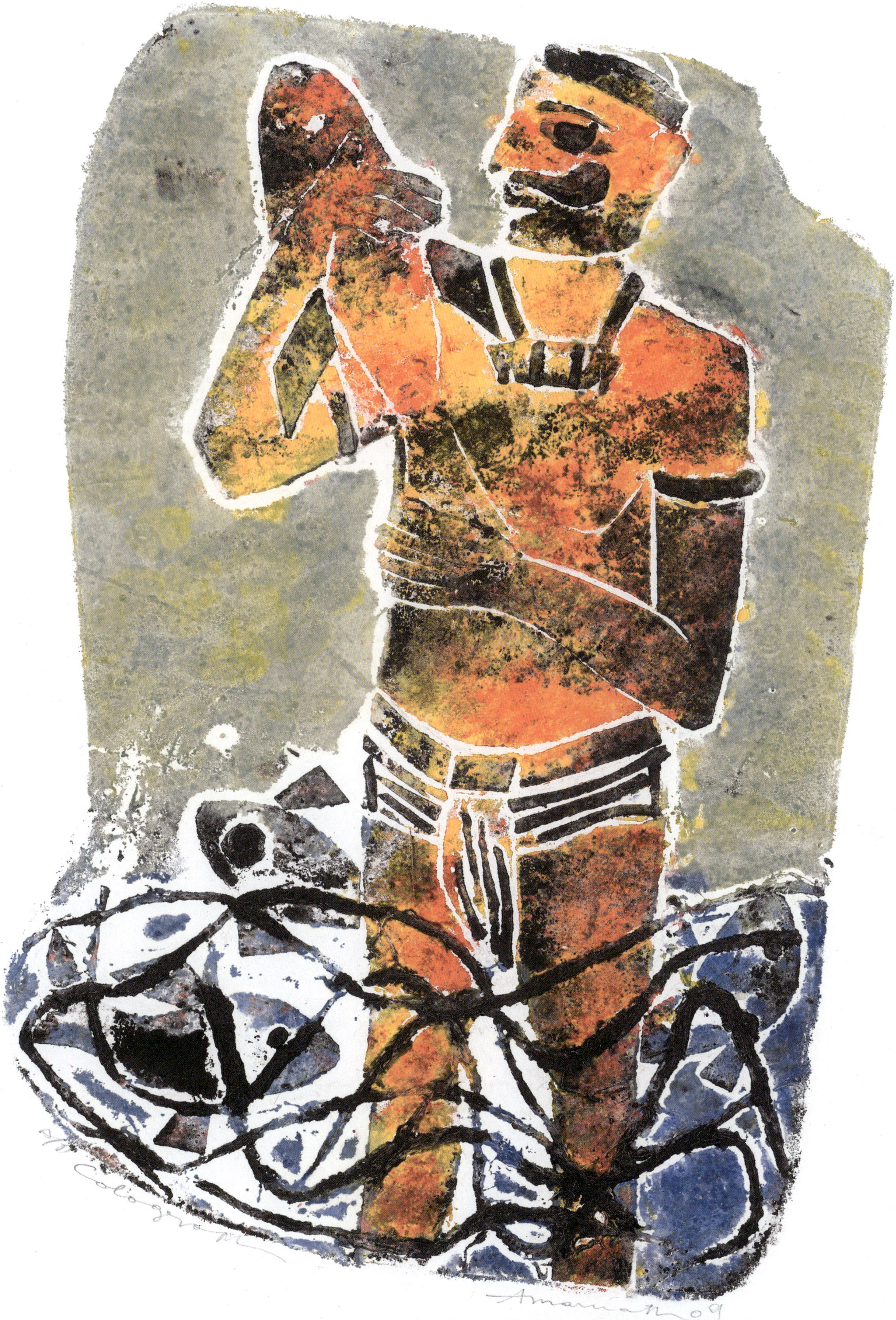

Amarnath, 15 Jahre, Indien

„Alle Kinder haben einen leiblichen Vater. Außerdem haben wir alle Gott als Vater."

Alle Kinder
der Welt sind Geschwister

Alle Kinder haben einen leiblichen
Vater. Auserdem haben wir alle Gott als
Vater. Deshalb sagen wir jedes mal in
unserem Gebet : Vater Unser im
Himmel. Wir haben alle gleiche Rechte,
überall auf der ganze Welt. Alle Kinder
brauchen unterstützung und Liebe. Krieg, Armut,
Streit, Beschimpfungen, körperlichegewalt brauchen
es auf gar kein Fall

Schulklasse 5b, Städtisches Leibniz-Gymnasium, Düsseldorf: „Deshalb sagen wir jedesmal in unserem Gebet: Vater unser im Himmel. Wir haben alle gleiche Rechte, überall auf der ganzen Welt. Alle Kinder brauchen Unterstützung und Liebe. Krieg, Armut, Streit, Beschimpfungen, körperliche Gewalt brauchen sie auf gar keinen Fall."

Vater unser im Himmel
geheiligt werde, dein Name
Dein Reich komme, dei wille
geschehe Wie im Himmel,
so auf Erde. Unser täg-
liches Brot gib uns Heute
und vergib unsere
Schuld, wie auch wir
vergeben unseren Schuldigen
Und führe uns nicht in ve-
rsum, sondern erlöse uns
von den Bösen Dein ist das
Reich und die Kraft und die
Herrlichkeit im Ewigkeit.
Amen

Das Aussehen beweist nicht woran
man glaubt.

und des Lebens des kommend

Amen.

Nico, 12 Jahre, Deutschland

Liebe Frau Janker es hat mich, meine Klasse und meiner Lehrerin Frau Miniouni sehr gefreut an ihrem Projekt teilgenommen zu haben. Ich hoffe wir können nächstes Jahr wieder teilnehmen.
Viele Grüße ihre Anastasia Charalabidou 6b

Mein Gott,

So wie ich die armen Menschen in Afrika sehe, muss ich heulen. Deswegen bete ich jeden Abend und jeden Morgen, dass sie nicht hungern müssen. Sie sollen keine Klumpen tragen sondern Anziesachen, wie wir. Sie leiden und wir kaufen alles, was wir wollen. Warum kann es ihnen nicht so geh... wie wir. Deswegen, lieber Gott, bitte ich dic... tue mir diesen Gefallen, was ich dir gesagt

Raffaela, 10 Jahre, Deutschland

Vater unser auf griechisch

Πάτερ ἡμῶν ὁ ἐν τοῖς οὐρανοῖς
ἁγιασθήτω τὸ ὄνομά σου
ἐλθέτω ἡ Βασιλεία σου
γεννηθήτω τὸ θέλημά σου,
ὡς ἐν οὐρανῷ καὶ καὶ ἐπὶ τῆς γῆς·
τὸν ἄρτον ἡμῶν τὸν ἐπιούσιον δος ἡμῖν σήμερον·
καὶ ἄφες ἡμῖν τὰ ὀφειλήματα ἡμῶν,

ὡς καὶ ἡμεῖς ἀφίεμεν τοῖς ὀφειλέταις ἡμῶν.
καὶ μὴ εἰσενέγκῃς ἡμᾶς εἰς πειρασμόν,
ἀλλὰ ρῦσαι ἡμᾶς ἀπὸ τοῦ πονηροῦ.

Ἀμήν.

Iliana, 10 Jahre, Deutschland

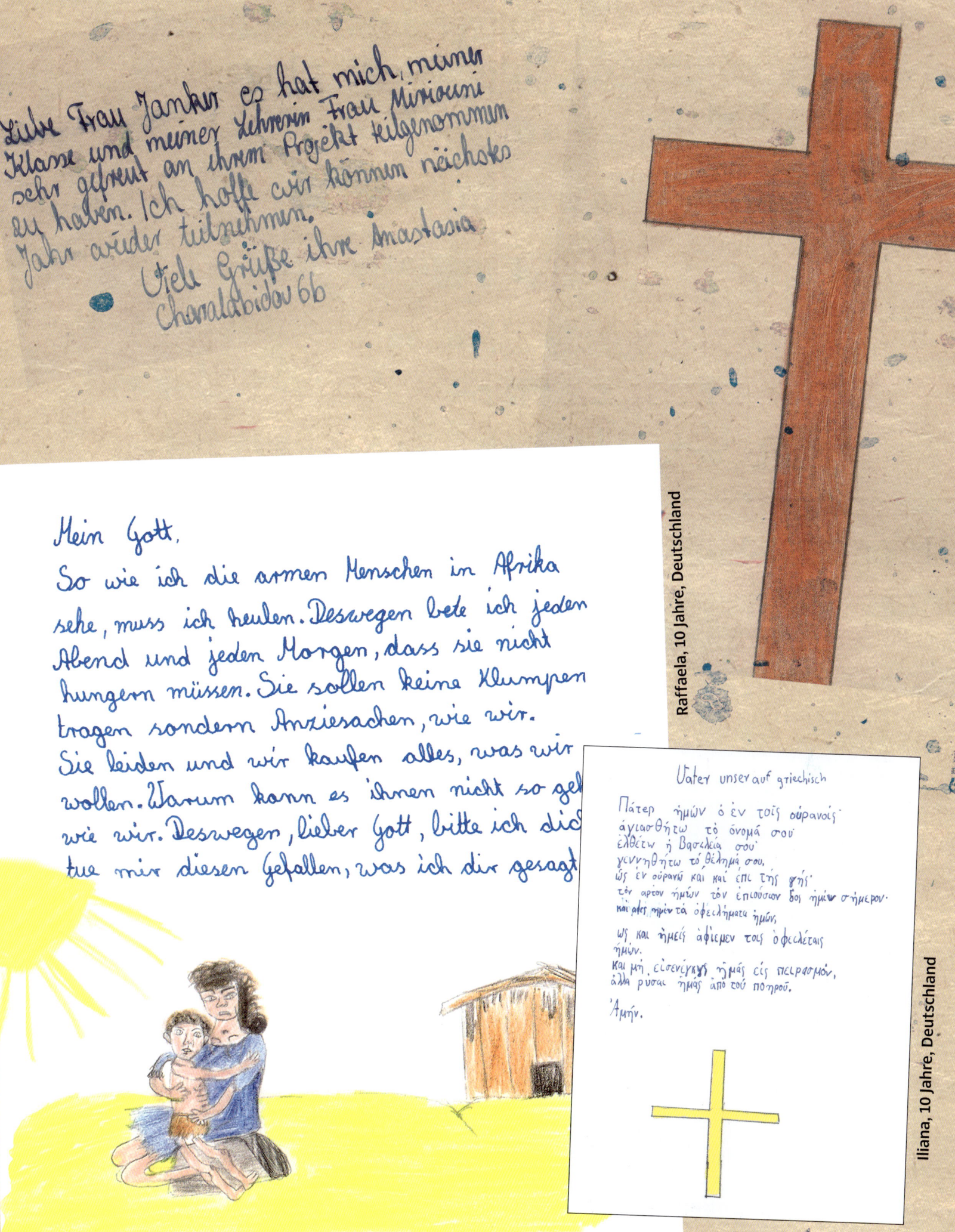

Bei Eddy

Dies sind die Bilder und die Farbspuren von Straßenkindern aus Uganda. Sie kommen barfuß ins Atelier des Künstlers Edward Bbira von Kampa Arts und gehen barfuß zurück auf die Straße. Die Straße ist ihre Heimat. Manche von ihnen sind Kindersoldaten gewesen, manche Drogenhändler, andere haben früh ihre Eltern verloren oder haben sie nie gekannt.

Ihre ersten Bilder haben diese Kinder bei Eddy gemalt. So nennen sie den Künstler, der auch wie ein Vater für sie ist. Bei Eddy bekommen sie eine warme Mahlzeit und ein Stück Heimat. Durch ihre Bilder und Zeichnungen erzählen sie ihre Geschichten, die sie sonst niemandem erzählen können.

Eddy verteilt die Malblätter.

Der Maltisch bei Eddy

Hula Hoop mit einem Fahrradschlauch

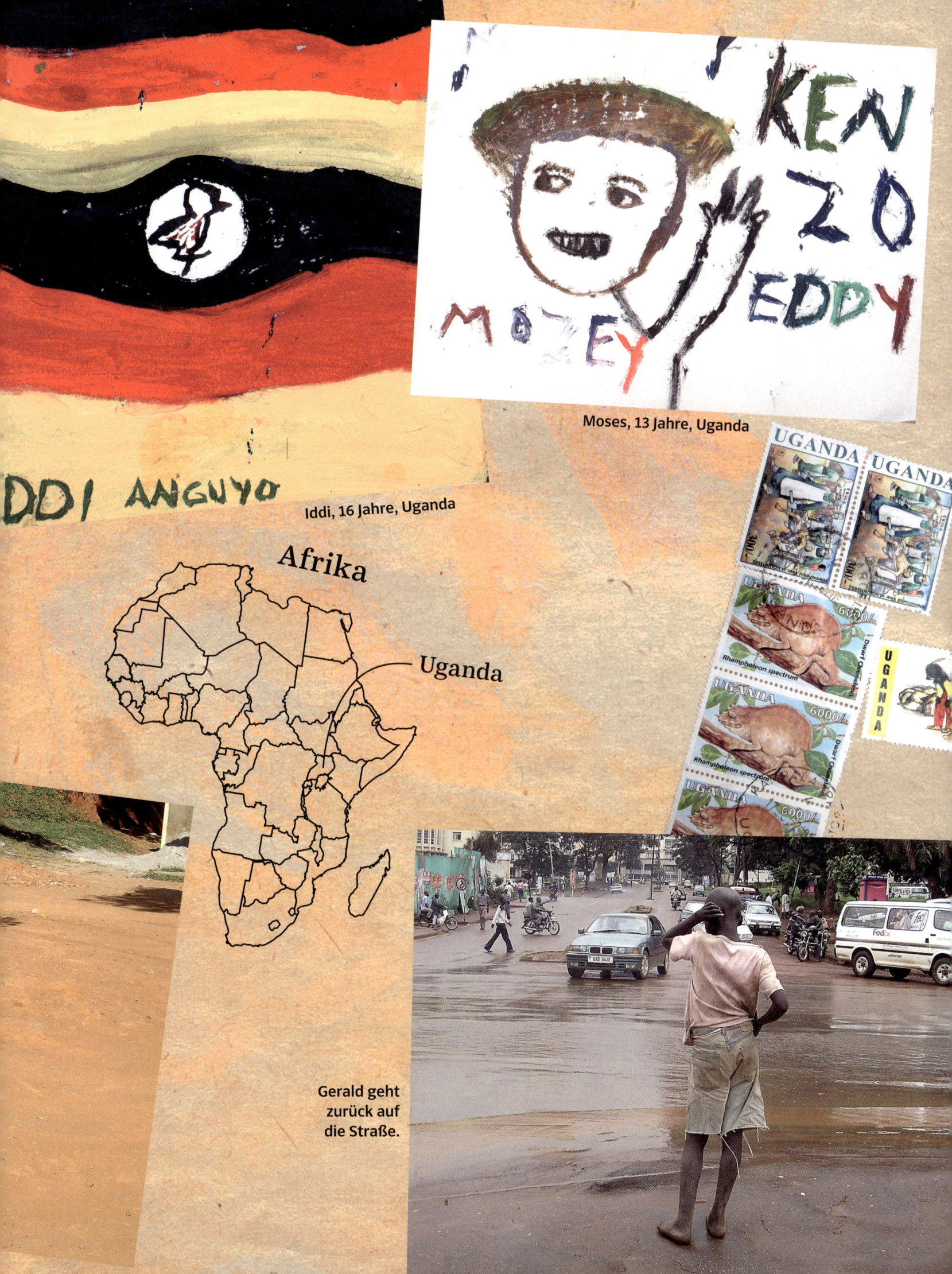

KEN ZO EDDY

MOZEY

Moses, 13 Jahre, Uganda

DDI ANGUYO

Iddi, 16 Jahre, Uganda

Afrika

Uganda

Gerald geht zurück auf die Straße.

„Es ist eine Männerwelt."

Markus, 14 Jahre, Österreich

Yannix, 15 Jahre, Österreich

Mathias, 15 Jahre, Österreich

Dorji, 8 Jahre, Bhutan

„Es geht um Leben, nicht um Geld."

Barbara, 15 Jahre, Polen

„Mein Vater ist König."

Laura, 8 Jahre, Estland

Helery, 7 Jahre, Estland

Laura Maria, 7 Jahre, Estland

210

„Der König des Märchenlandes"

Helery, 7 Jahre, Estland: „Mein König ist der Märchenkönig. Er ist 40 Jahre alt, genau wie mein Vater. Seine Lieblingsfarbe ist schwarz. Er wohnt in einer blauen Stadt. Es gibt genau zwei Einwohner in dieser Stadt, weil es nur zwei Arbeitsplätze und nur Geschäfte für zwei Menschen gibt. Hier ist kein Platz für mehr Menschen."

Tallinn, Estland

Europa

Liz, 7 Jahre, Russland

„Ich werde groß und stark wie mein Vater."

Alex, 5 Jahre, Deutschland

DER BAUM
UND DER
MENSCH
BRAUCHEN SICH
GEGENSEITIG
ICH GLAUBE AN
DEN BAUM

Ich spiele immer am Fluss in meinem Dorf mit Zweigen, Steinen und vom Wasser angespültem Allerlei. Was gibt es Schöneres als die Natur als Spielplatz zu haben? Sie, die Natur und ihre Geister, werden von den Achuar-Indianern in Amazonien als Gottheiten verehrt. In den Hochtälern des Himalajas erlebt man sie bei den extremsten klimatischen Bedingungen und liebt sie wie die eigene Mutter. Überall auf der Welt hören die Kinder das Flüstern der Blumen und lehren uns die Mutter Erde zu schützen.

Mahrah, 7 Jahre, Vereinigte Arabische Emirate

Ich glaube an die Natur!

Es gibt viele gute Gründe dafür, die Natur zu lieben. Alleine Bäume: Wenn es sie nicht gäbe, dann gäbe es auch keine Menschen. Bäume sorgen für frische Luft, damit all die Lebewesen atmen können. Sie bieten Tieren Futter und Lebensraum, Eichhörnchen eine Höhle und Vögeln einen Platz, um zu nisten. Sie bieten Erwachsenen Holz, um sich an einem Feuer zu wärmen oder um sich aus ihm ein Haus zu bauen. Und Kinder können in einem Baum klettern und spielen, sich einen Unterschlupf basteln oder schlicht in seinem Schatten liegen und ihrer Fantasie freien Lauf lassen.

So sind es auch keineswegs nur Kinder in Südamerika oder in Asien, die an die Natur glauben. Auch hier, in Europa, lieben Kinder und Erwachsene ihren Wald, die Seen, die Berge, die Natur: Sie sind ein Teil von ihr und finden sich selbst in ihr wieder. „Seele des Menschen, wie gleichst du dem Wasser! Schicksal des Menschen, wie gleichst du dem Wind!" – Das hat einst gar Johann Wolfgang von Goethe geschrieben, der bedeutendste deutsche Dichter der Geschichte. Und doch scheint es, als würde vielen eine Erinnerung daran guttun, wie wundervoll die Natur ist und wie wichtig, sie zu schützen.

Die Bilder der Kinder können für alle, die ihre Herzen für sie öffnen, eine solche Erinnerung sein. Und wer weiß? Vielleicht sind manche von ihnen ja im Schatten eines großen, alten Baums entstanden.

„Wenn sich die Raupen nicht verwandeln würden, gäbe es keine Schmetterlinge."

Mérida, Yucatán

Mexiko

Fernando Gomes, 18 Jahre, Portugal: „Ich glaube, dass wir arm sind, weil wir unseren Reichtum ignorieren. Weil wir die Natur vernachlässigen und ihre Schönheit nicht sehen."

Alexandra, 16 Jahre, Kanada

„La Madre Naturaleza"

Laura, 12 Jahre, Spanien: „Ich glaube an die Mutter Natur, weil sie für unser Leben sehr wichtig ist; sie ist es, die uns das Glück gibt, wenn sie merkt, dass wir an sie denken und sie lieben und auf sie achten. Und sie ist es, die – wenn sie uns nicht geben kann, was wir brauchen, weil wir auf sie nicht geachtet haben – uns dann daran erinnert, dass wir sie mehr lieben sollen und für alles Sorge tragen sollen, was sie uns gibt."

Laura, 12 Jahre, Spanien

„Wir verehren die Seele des Waldes."

„Der Wald erhält uns am Leben, er ist wie Mutter und Vater für ein kleines Kind."

Ecuador

Achuar Territorium

Ipiak, 12 Jahre, malt einen Jaguar.

Die Buntstifte Amazoniens

Guane-Samen

Achiote

Holzkohle

Camote

Erde

Kurkuma

Karair

Die Buntstifte Amazoniens

So sprechen die Alten, und daran glauben die Jungen. Diese Weisheit spiegelt sich im täglichen Leben der Achuar wieder, in ihren Bräuchen, Ritualen und selbstverständlich auch in der Malerei der Schüler.

Mascha Kauka, die Gründerin der INDIO-HILFE e.V. und der Stiftung AMAZONICA fährt seit 30 Jahren regelmäßig in den Urwald. Bei einer ihrer Reisen hatte sie die Ausschreibung des Kunstprojektes „Woran Kinder glauben" mit im Gepäck. In dem Walddorf Sharamentsa freuten sich die Eltern, die Lehrer und die Kinder, an einer internationalen Initiative teilzunehmen und dadurch der Welt von ihrem Wald erzählen zu können.

Die Naturverbundenheit der Achuar-Kinder kommt nicht nur in den Motiven ihrer Bilder zum Ausdruck, sondern auch in den verwendeten Materialien. Statt mit Buntstiften oder Pinsel und Malkasten wird mit verschiedenfarbigen Pflanzenteilen und mit Erde gearbeitet. Schwarze Linien ziehen die Indianer mit einem Stückchen Holzkohle aus dem Küchenfeuer. Die Bilder der Achuar sind ein Aufruf an die Welt, den tropischen Regenwald zu schützen, der für sie Seele und Heimat und auch für die gesamte Menschheit Leben bedeutet.

Die Kinder präsentieren ihre gemalten Bilder.

4. bis 6. Klasse der Dorfschule

Der Urwald ist die Heimat der Achuar-Indianer.

„Etsa, die Sonne, und Nantu, der Mond, sind Brüder ..."

„ ... Früher strahlten beide nebeneinander am Himmel. Während Etsa immer warm und freundlich war hat Nantu laufend Streit gesucht. Da sprach der Göttervater Arutam ein Machtwort und verbannte Nantu in die Nacht."

Ihoni, 8 Jahre, Ecuador

226

El Sol

Antiguamente los Achuaras adoraban al Sol como Dios

Por que se guiaban con el Sol era como un reloj

Para ellos y muy valiente que todos

Actualmente el Sol representa

Inmaculada, 10 Jahre, Ecuador: „In früheren Zeiten beteten die Achuar-Indianer die Sonne wie Gott an, denn sie ließen sich von ihr leiten. Die Sonne war für sie wie eine Uhr und sehr tapfer. Heutzutage ist die Sonne das Sinnbild Gottes."

„Die Schokolade und die Tiere"

le chocolat et les animaux

Frankreich

Sallanches

Juri, Jahre 7 Estland: „Im Kinderland regnet es Süßigkeiten vom Himmel. Es gibt Süßigkeitenbäume und Süßigkeitenpflanzen. Glückssteine führen den Weg zu dem verborgenen Glücksschatz. Dabei muss man die Glückssteine nehmen, die einem Glück bringen und so gelangt man an den Schatz."

„Die Autos, die Motorräder"

les voitures

les motos

Dania, 7 Jahre, Frankreich

„Die Natur"

„Die Natur"

Nina, 6 Jahre, Frankreich

Yamamoto, 14 Jahre, Japan

I. 施設・学校名 School / Hamada Juior

浜田市立第一中 学校 2 年生

指導員・教師名 Teacher / Takashi Nakanish

仲西貴志　教諭

学校住所 3745 kurokawa-cho, Hamada-city, S

〒697-0024

島根県浜田市黒川町 3745

学校電話番号 Tel　　　ファックス番号 E

Fax

0855)22-0946　(0855)22-0947　dai

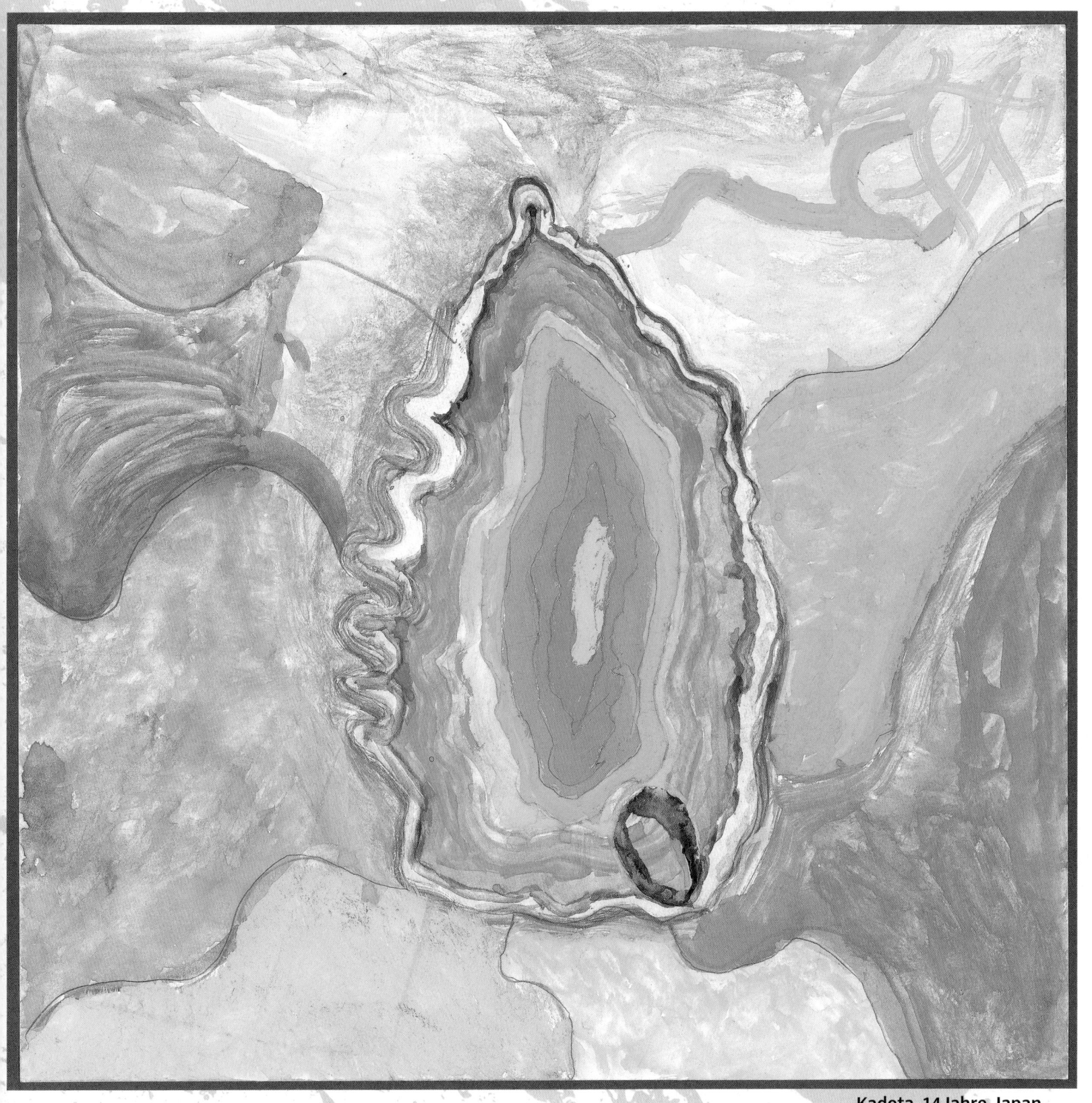

Kadota, 14 Jahre, Japan

「 title : World 」

国際美術企画：「子どもたちは何を信じる？」
リトル・アート e.V.

出品票

„Meine Raubtiere sind meine Freunde."

Polina, 12 Jahre, Russland

Katya, 14 Jahre, USA

Lusineh, 14 Jahre, Armenien: „Ich glaube, dass die Blumen zu uns sprechen. Ich glaube, dass die Sterne mir zulächeln. Ich glaube, dass der Regen Glück bringt. Und ich glaube, dass alles gut ausgeht, und das ist am wichtigsten."

In den Hochtälern des Himalayas

Die meisten der Kinder des Mahabodhi-Zentrums kommen aus Dörfern und Ansiedlungen, die durch die Hochgebirgslage Ladakh's mit hohen Pässen extrem abgelegen und so isoliert sind, dass die Menschen dort kaum Zugang zu den elementarsten Einrichtungen für medizinische Versorgung und Bildung haben. In der Schule erhalten diese Kinder eine zeitgemäße ganzheitliche Erziehung, die auch großen Wert auf den Erhalt der reichen Kultur Ladakh's legt. Die Kinder dort spielen mit Selbstgestaltetem oder einfach mit Kieselsteinen, mit denen sie unendlich viele Varianten von Geschicklichkeitsspielen ausprobieren.

Die gegenseitige Hilfe und Unterstützung ist etwas, das dort nicht extra gelernt werden muss, denn diese gegenseitige Hilfe der Menschen untereinander in Ladakh ermöglicht das Überleben in den abgelegenen Hochtälern des Himalaya.

„Im Gespräch, besonders mit älteren Schülerinnen und Schülern, sagen sie uns oft: Wir können noch so viel von euch im ‚Westen' lernen, worauf wir dann antworten: Ja, es gibt bestimmt vieles, das ihr vom ‚Westen' lernen könnt – aber wir im ‚Westen' haben auch sehr viel verlernt und das können wir bei Euch wieder lernen, nämlich gegenseitige Wertschätzung und selbstloses Miteinander", meinen Helga Weinmann-Adam, Gerhard Adam, die das Projekt „Woran Kinder glauben" im Mahabodhi-Zentrum umgesetzt haben.

Ven. Mettananda

Ven. Vimalacitta

Ven. Piyananda

Ven. Ananda

Mallika

Pavita

Suppunya

Tenswang

Konchok

236

BEAUTIFUL LAND OR EARTH

Believe On this Beautiful land
Earth. Earth is the Only Plane
which all the living being
able to live or survive. As
have shone in the picture that
ow ... ... land or Earth i
... ...
Inde...
... ...
beautiful
I Really believe On this wonderful
or huge Earth. As it Provide Us
water, soil, air, ...

Indien

Ladakh

Padma, 12 Jahre, Indien: „Mein schönes Land – Ich glaube mein Land ist das schönste auf Erden. Die Erde ist der einzige Planet, auf dem es Leben gibt. Und den Vögeln und Tieren gefällt es auch auf dieser Erde. Sie versorgt uns mit Wasser, Sonne, Nahrung, Pflanzen, Luft und Schatten."

„Die Erderwärmung stoppen und die Umwelt schützen!"

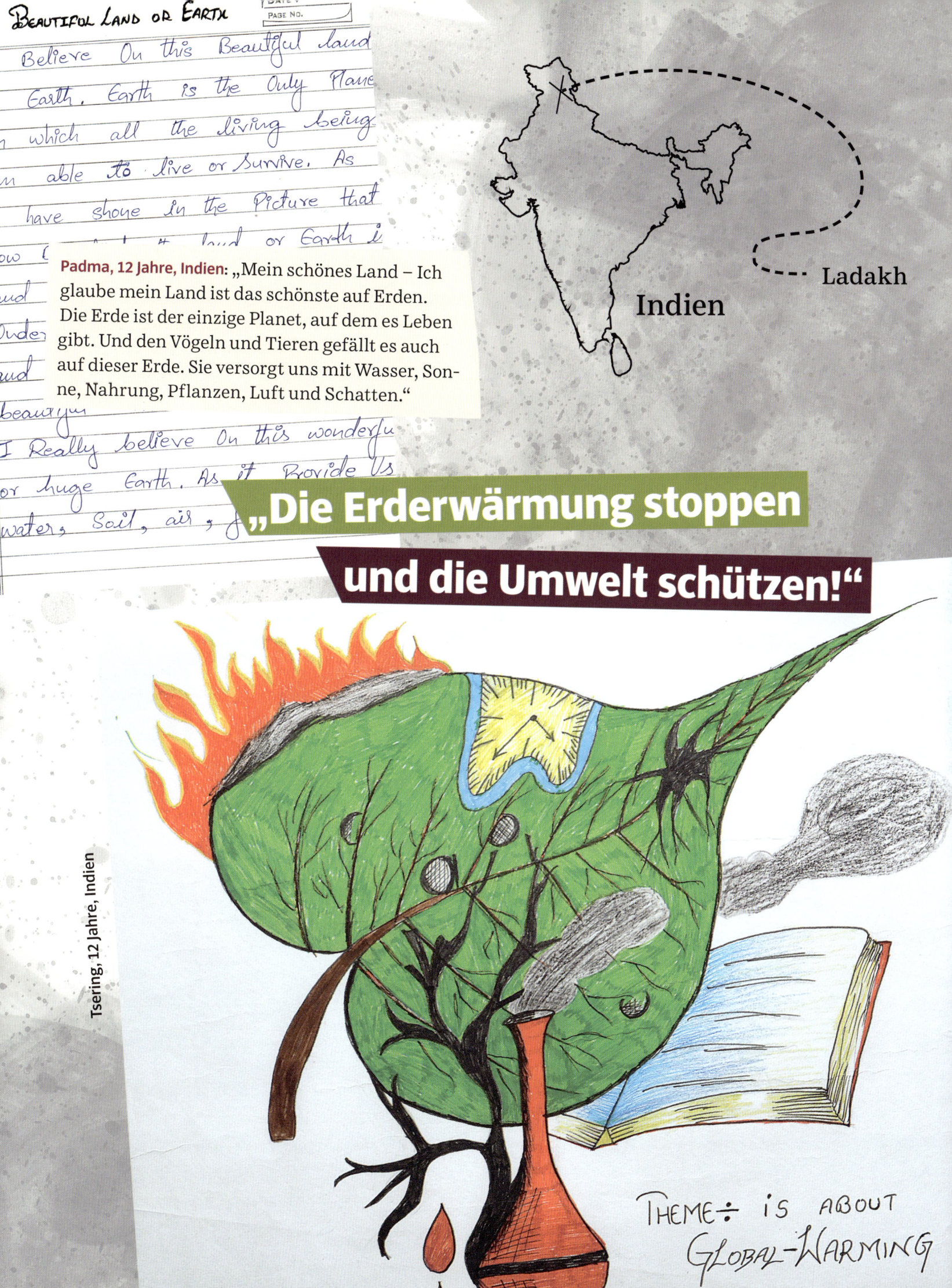

Tsering, 12 Jahre, Indien

THEME: is ABOUT GLOBAL-WARMING

ICH GLAUBE AN EINE WELT DIE NIE UNTERGEHT

Wenn man klein ist, erschafft man sich seine Welt allein und immer wieder aufs Neue. Da ist alles möglich und grenzenlos. Ich strecke die Hand aus und nehme mir das, was ich brauche. Und wenn dies doch nicht der Fall sein sollte, setze ich meinen Zauberkasten und meine Fantasie ein. Diese, unsere Welt ist in Ordnung. Ich glaube an die Welt der Kinder und ich glaube, sie existiert in allen Universen. Diese Welt kennt keine Grenzen, keinen Krieg. Sie ist das Leben, wie es erschaffen wurde, um glücklich miteinander zu leben.

Ich glaube an meine Welt!

Die Welt ist nicht dieselbe, wenn man sie durch Kinderaugen sieht. Die eigene Stadt oder der heimische Bauernhof ist bunter, die Straße ist voller Abenteuer, der Wald steckt voller Leben. Vertrautes wirkt wieder interessant. Auf der Baustelle nebenan, die für die Älteren längst nur noch Dreck und Lärm bedeutet, nehmen spannende Dinge ihren Lauf. Die ganze Welt wirkt wieder freundlicher, hoffnungsvoller, zuversichtlicher, offener. Alles ist möglich. Man sollte die Welt viel öfter mit den Augen von Kindern sehen.

Leider gibt es für Erwachsene weniges, was schwieriger ist – selbst dann, wenn sie es versuchen. Er habe früh schon so gut zeichnen können wie der italienische Meister Raffael, hat Pablo Picasso einmal gesagt, der selber einer der berühmtesten Künstler der Geschichte war. Doch er habe sein ganzes Leben lang gebraucht, um wieder so zeichnen zu lernen wie ein Kind.

Die Sicht der Kinder ist wundervoll, aber zerbrechlich. Und ist sie einmal verloren, sei es durch Gewalt, durch Krieg oder einfach nur durchs Älterwerden, dann ist sie unwiederbringlich dahin. Die folgenden Bilder können eine Anregung sein, sich wieder daran zu erinnern.

Amasha, 9 Jahre, Sri Lanka

Keesara, 7 Jahre, Sri Lanka

Ich liebe den blauen Himmel
von Bangladesch.

Unter dem freien Himmel, bei 38 Grad, malen Kinder aus Bangladesch, woran sie glauben.

Shirna, 8, Bangladesch: „Ich komme aus einer armen Familie aus Bangladesch. Mein Land ist immer grün. Deswegen liebe ich meine Heimat sehr."

Meshrop, 10 Jahre, Bangladesch: „Ich glaube, dass wir die Umwelt schützen können."

Meshrop, 10 Jahre, Bangladesch

Kinder im Sibirischen Norden
von Russland malen bei -28 Grad.

Roman, 16 Jahre, Russland: „Kälte, die alles zum Stocken bringt. Die Ureinwohner verlassen die Tundra, um Zuflucht in der Stadt zu finden. Straßen und Internetze sind eingefroren."

Moushegh, 13 Jahre, Armenien: „Die Liebe fließt ewig durch die Venen der Generationen."

Roman, 16 Jahre, Russland

Wir glauben an uns und unsere bunte Welt.

Am 16. Dezember 2009 bekam little ART eine Email von Florian Wegenstein, dem Projektmanager des Child and Youthcenters Tarrafal in Kap Verde. Mit großem Bedauern teilte er uns mit, dass, obwohl die Kinder zu unserem Thema gemalt hätten, die Bilder nicht nach Deutschland kommen würden, da jemand gemeint hätte, dass sie nicht veröffentlichungswürdig seien.

Wir hatten uns jedoch schnell geeinigt, dass wir die Welt und auch die Kinder Afrikas nicht nach unseren europäischen Maßstäben messen dürfen. Vielfalt und Andersartigkeit zulassen, dies ist eine Herausforderung für die moderne Welt. Denn diese Kinder „malen so wie die Vögel singen" und ihre Kreativität ist ihre eigene, ehrliche Botschaft an uns. Little ART freut sich für sie Raum und Orte zu schaffen, damit sie gesehen und ihre Botschaften gehört und ernst genommen werden. Am 31. Mai 2010 trafen die Bilder der Kinder aus Cap Verde in München ein. **Danke, Florian!**

„Wir Mädchen aus Kap Verde sind stolz auf unsere Bilder. In der Kunst ist alles richtig. Bunt ist richtig!"

Idrissa, 16 Jahre, Burkina Fasso

Deniz, 7 Jahre, Türkei

Maria, 7 Jahre, Sambia

Ngoma, 9 Jahre, Sambia

250

„Die Welt ist eine magische Schule."

Dominic, 10 Jahre, Sambia

Bera, 8 Jahre, Nicaragua

cuidemos los animales y las plantas.

Luuy Vanessa Raja Lopez

Luuy, 7 Jahre, Nicaragua

Byron, 8 Jahre, Equador

„Der Mond, die Sonne, die Sterne, die Berge, der Wald, mein Dorf, das Haus, die Feuerstelle, meine Familie und ich."

Sahra, 7 Jahre, Iran

Ein Stückchen Heimat malen

Wegen der vielen Schlaglöcher braucht man von Kabul nach Puli-Khomri einen ganzen Tag. Irgendwann hört die Straße auf und mündet in eine Schotterpiste. Diesen holprigen Weg durch die staubfarbenen Berge des Hindukush hat Naqib Bahkshi vom Verein AFGER auf sich genommen, um den Kindern des Dorfes einen Brunnen zu bauen. Dabei hat er ihnen vom Projekt „WoranKinder glauben" erzählt.

Die Kinder von Puli-Khomri waren begeistert von der Idee, mit anderen Kindern auf der ganzen Welt verbunden zu sein. So weit voneinander entfernt zu leben und sich doch so nah zu sein – geht das?

Vielleicht können die Kinder von Puli-Khomri nicht mit den Kindern aus Madagaskar oder Cincinnati an ihren graubraunen Berghängen spielen, aber sie teilen sich gegenseitig ihr Leben in Bildern mit. Auch wenn es Krieg gibt in Afghanistan, die Kinder knüpfen Friedensnetze über die Grenzen ihres Landes hinaus.

Der Krieg hat seine Spuren in den Gesichtern und Seelen der Kinder hinterlassen und er ist immer noch nicht vorbei.

Ob die Kinder an den Berghängen spielen, auf den Lehmmauern herumklettern oder in ihrem Gebirgsfluss schwimmen – sie müssen immer wachsam sein.

Spielplatz

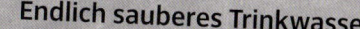

Endlich sauberes Trinkwasser

Marktleute in Afghanistan

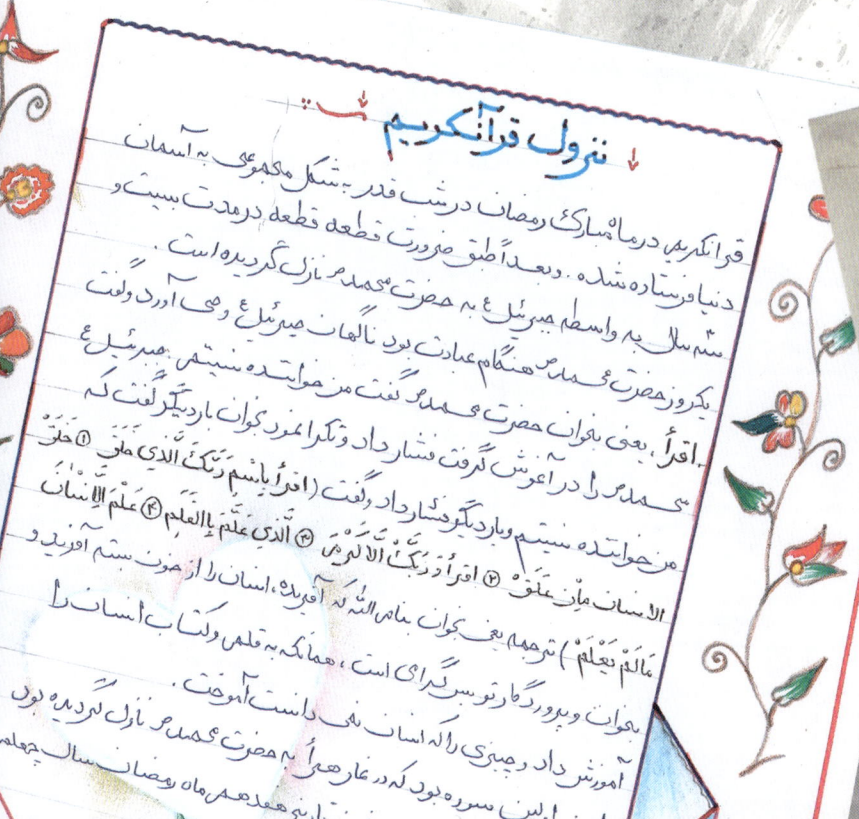

Zu Fuss zur Schule

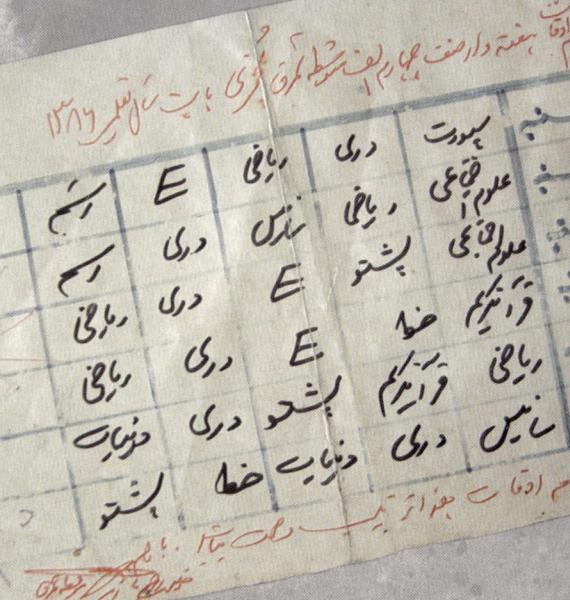

255

Nicht alle Mädchen Afghanistans haben die Möglichkeit zur Schule zu gehen.

Heute treibe ich die Kühe auf die Weide.

Freundschafliche Nähe im Klassenzimmer

Auf dem Boden zu
sitzen ist Tradition.

257

Negin, 7 Jahre, Iran

Faranak, 7 Jahre, Iran

Kostja, 9 Jahre, Moskau: „Ich bin cool, ich lebe in einem coolen Universum, auf einem coolen Planeten, in einem coolen Haus, im coolen Zimmer, schlafe in einem coolen Bett und besuche eine coole Schule."

Karlen, 16 Jahre, Armenien

Hyung-Sun, 8 Jahre, Korea

Elliot, 13 Jahre, USA: „Wir leben in einer technologischen Welt und vergessen die traditionellen Lebensweisen. Sind wir heute freier und unabhängiger? Jeder muss das selbst entscheiden."

Mary, 13 Jahre, USA

Emir, 7 Jahre, Türkei

Mohamad Shareef, 11 Jahre, Palästina

„Ich hoffe die Bomben kommen nicht zu uns."

Unbekannt aus Palästina

„Krieg ist was ganz Schlimmes. Da sind Tote, die nichts getan haben."

Emad Sultan, 9 Jahre, Palästina

„Alle sind tot."

Hannan, 14 Jahre, Syrien

David, 15 Jahre, Armenien: „Es ist sehr leicht die zerbrechliche Welt eines Kindes zu zerstören."

Fazal, 15 Jahre, Afghanistan

„Keine Grenzen mehr!"

Gayane, 14 Jahre, Armenien: „Für uns in Armenien ist es kompliziert in andere Länder zu reisen. Überall sind Grenzen im Weg. Man müsste sie abschaffen und das kommt auch eines Tages. Dann ist die Erde der glücklichste Planet am Himmel, weil es keine Probleme mit Religionen und Rassen mehr gibt. Ich glaube fest daran, dass dieser Tag kommt. Wir sind dann alle freie Menschen, und auf meinem Absender steht ‚Planet Erde'."

Shant, 13 Jahre, Armenien

Hovnan, 9 Jahre, Armenien

„Steh auf und geh! Kein Kommentar."

Zwischen Baobabs und Wasser

In der Stadt Belo sur Tsiribihina in Madagaskar gibt es kein Telefon, kein Fernsehen, keine Bank und keinen Supermarkt. Die Stadt liegt im Westen Madagaskars am Nordufer des Flusses Tsiribihina. Der Distrikt Belo hat ungefähr 70.000 Einwohner. Die Stadt besteht überwiegend aus Wellblechhütten, außer öffentliche Einrichtungen. Diese sind gemauert. Belo ist sehr schwer zu erreichen. Die einzige Straßenverbindung ist eine 100km lange Piste von der südlich gelegenen größeren Stadt Morondava. Während der Regenzeit ist sie kaum befahrbar. Der Fluss Tsiribihina muss überquert werden, um in die Stadt zu gelangen.

Da die Fähren sehr spärlich gebaut sind, ist es bei Hochwasser oder bei zu niedrigem Wasserstand nicht möglich mit dem Auto überzusetzen. Deshalb ist Belo quasi autofrei. Personen- und Warentransport finden fast ausschließlich mit Hilfe von Ochsenkarren statt. Desweiteren gibt es ein paar LKW für nördlich gelegene Gebiete, Geländewagen pakistanischer Kaufleute und ein paar Buschtaxis. Zweimal in der Woche landet ein kleines Flugzeug nahe der Stadt (jeweils auf dem Hin- und Rückflug).

Es gibt kein Telefonnetz in Belo. Es gibt kein Fernsehen. Das Wasser kommt aus dem Fluss und ist nicht trinkbar. Wenn kein Strom da ist, funktionieren auch die Wasserpumpen nicht mehr. Die Menschen leben überwiegend von Subsistenzwirtschaft. Es gibt keine Bank und keinen Supermarkt. Auch ein regelmäßiges Einkommen haben die allerwenigsten. Der Monatslohn eines Grundschullehrers beträgt ungefähr 50 Euro. Über die Hälfte der Bewohner der Stadt sind Kinder im Schulalter.

Die Stadt ist die alte Hauptstadt des Volkes der Sakalava-Menabe und damit Zentrum traditioneller madagassischer Kultur. Noch heute wohnt die Königsfamilie der Sakalava hier und hütet die alten Reliquien. Alle 5 Jahre werden im Rahmen des bedeutendsten traditionellen madagassischen Festes, der Fitamboha, diese Reliquien hervorgeholt und zeremoniell im Fluss Tsiribihina gereinigt.

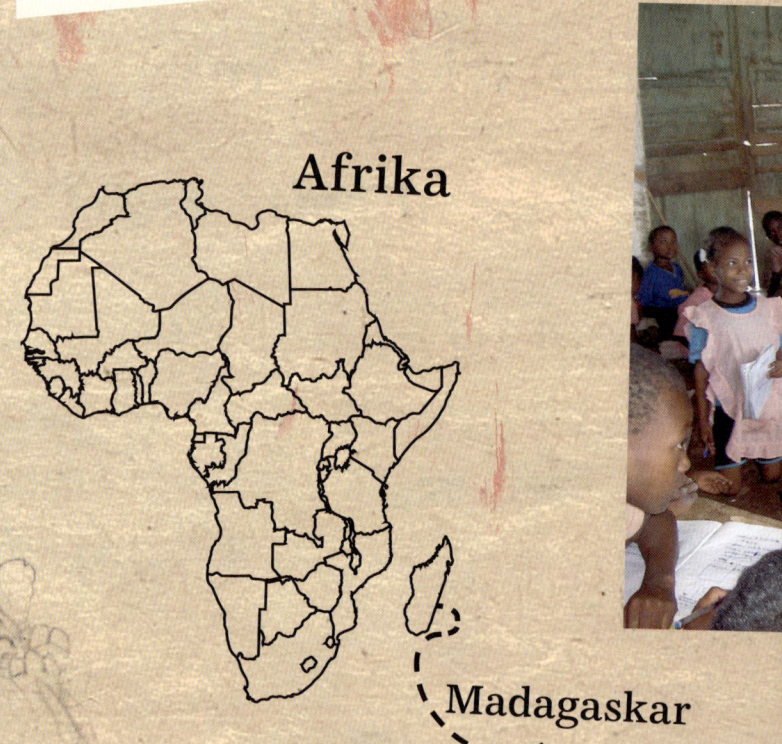

Afrika

Madagaskar

Die Kinder werden aus den umliegenden Bauerndörfern nach Belo geschickt, um dort zur Schule zu gehen.

Kinder spielen am sandingen Flussufer.

Die Schulen von Belo haben wenig Geld. Oft reicht es nicht einmal für Schulbänke.

DIE KINDERWELT HAT VIELE LÄNDER UND ES GIBT SIE WIRKLICH

Jedes Kind hat schon mal von mystischen Geschöpfen und Erscheinungen erzählt. Ob dies die gute Fee ist, die einen in den Schlaf wiegt oder der böse Geist, der einem Angst macht. Gnome, Drachen, Feen und Nixen, ausgedachtes Sechsbeiniges mit Hörnern und Flügeln – sie alle beseelen unsere Fantasie und begleiten uns im Alltag. Wir glauben daran, dass es sie gibt. Sie machen uns Angst oder geben uns Kraft.

Gergana, 9 Jahre, Bulgarien

Ich glaube an andere Welten!

Stellen wir uns vor: Das kleine Mädchen vom Anfang dieses Buches ist tatsächlich Astronautin geworden. Ihr Traum ist Wirklichkeit geworden, sie steuert eine Rakete, und sie fliegt in ferne Sonnensysteme, zu anderen Galaxien, in fremde Welten. Wer weiß, ob das die Zukunft bringt? Immerhin fliegen schon jetzt Raumsonden zu anderen Himmelskörpern, erkunden Asteroiden, Monde und Planeten in unserer Nachbarschaft. Wissenschaftler überlegen, ob zum Beispiel unter der Eis-Hülle des Saturn-Mondes Titan Leben entstanden sein kann. Und sie treffen Vorbereitungen, diese andersartigen Welten irgendwann einmal zu besiedeln. Dann könnte das Mädchen dort zumindest eine Zeit lang wohnen.

Kinder aber brauchen das alles eigentlich gar nicht. Um auszubrechen aus der bereits weitgehend erforschten Heimat, auf deren Landkarten es kaum noch weiße Flächen gibt, brauchen sie keine Forschung und keine Raketen, es genügt ihnen ihre Fantasie. Ihre fremden Welten beginnen nicht erst jenseits der Erdatmosphäre, sondern gleich hinter der Haustür, im Wald, in dem Feen und Hexen leben, gleich nebenan, wo Dinosaurier über die Hügel stapfen, Autos durch die Lüfte fliegen und sich wilde Tiere mit Außerirdischen unterhalten.

Man muss diese Welt nicht mit Raumsonden erkunden. Kinder wissen, dass sie da ist, es genügt, dass sie in ihrer Vorstellung existiert. Diese Fähigkeit ist von ungeheurer Kraft. Und sie ist das größte Geschenk, das Kinder den Erwachsenen machen können.

Sascha, 12 Jahre, Russland: „Vor langer Zeit lebten Dinosaurier und Menschen zusammen. Dinosaurier waren Haustiere und halfen den Menschen, die Umwelt zu entdecken, und alle waren glücklich und friedlich."

Romet, 8 Jahre, Estland

Diana, 6 Jahre, Russland

Ziva, 6 Jahre, Slowenien

Pedro, 7 Jahre, Spanien

Guillermo, 7 Jahre, Spanien: „Ich glaube an Dinos. Wenn ich traurig bin und an die Dinosaurier denke, schwindet meine Traurigkeit."

Kyung-Duk, 6 Jahre, Korea

Nastia, 13 Jahre, Russland

„Reisen im Traum"

„Bunte Träume über die Zukunft, Zweifel und Gestalten, die im Traum geboren sind. Zauberhafte Wesen, die gut und lustig sind – ganz wie die Menschen selbst. Wir werden Freunde. Ein erfüllter Traum ist, wenn alle nett zueinander sind."

Tau Kin Gi, 5 Jahre, Hongkong

„Tierversammlung“

Todi, 7 Jahre, Italien: „Die Kinder verstehen und sprechen die Sprache der Tiere. Wenn die Tiere sich versammeln, dürfen die Kinder dabei sein. Sie überlegen gemeinsam, was alles so auf der Welt passiert …“

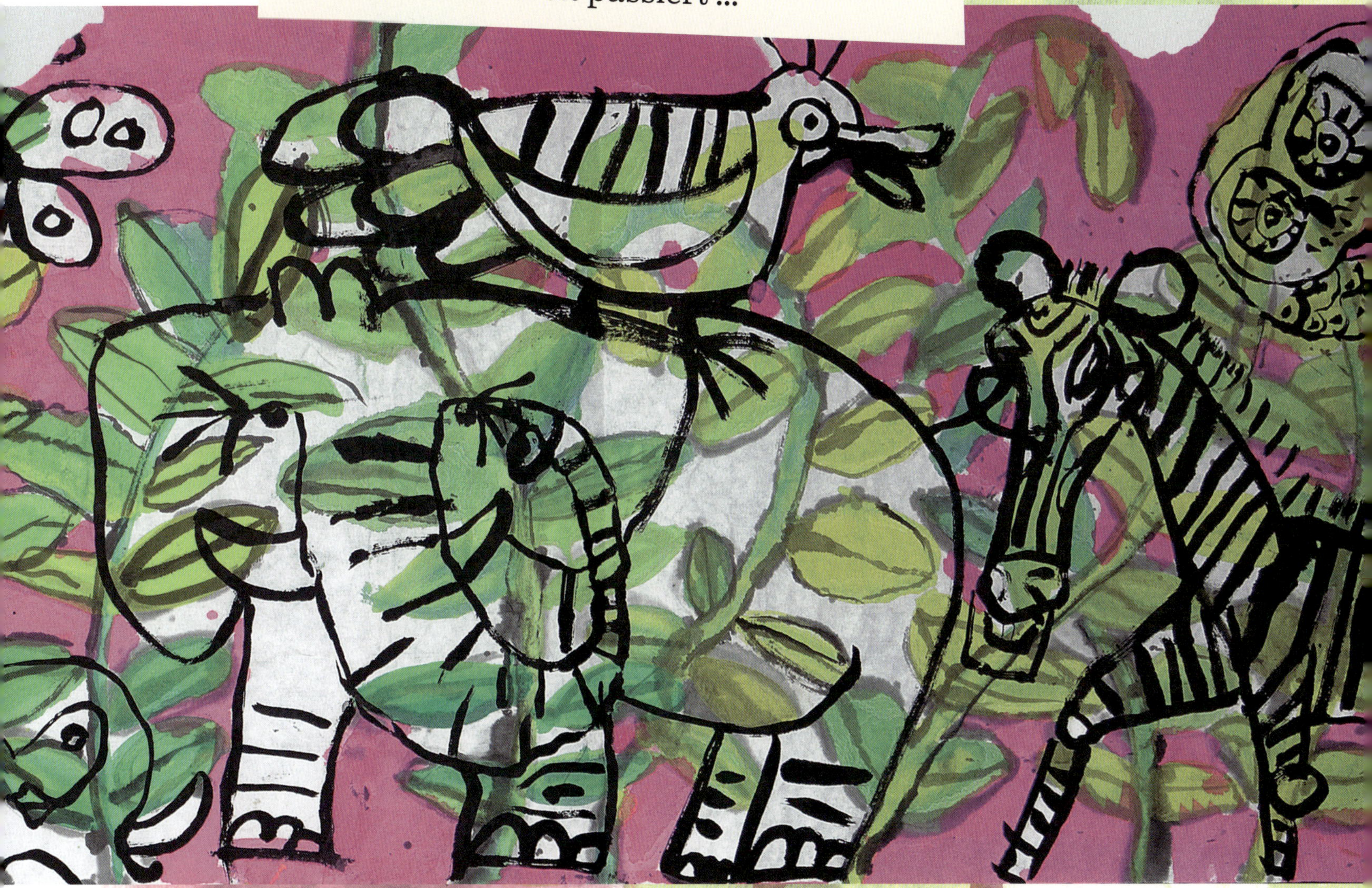

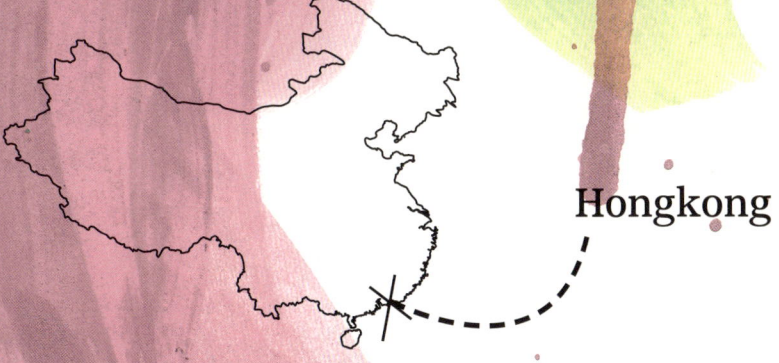

China
Hongkong

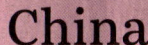

Malak, 6 Jahre, England

Abdullah, 6 Jahre, England

„Eine unglaubliche Stadt"

„Die Sonne und die Sterne scheinen. Die Autos schwimmen. Die Häuser sind viereckig."

Valentin, 7 Jahre, Deutschland

Zahra, 12 Jahre, Iran

Sascha, 12 Jahre, Moskau: „Es war einmal eine gänzlich unbekannte Stadt. Sie war nichts Besonderes. Doch ein großer Architekt hatte eine neue, sich bewegende Stadt geschaffen – und schon nach einem Jahr regte sie sich und konnte schweben."

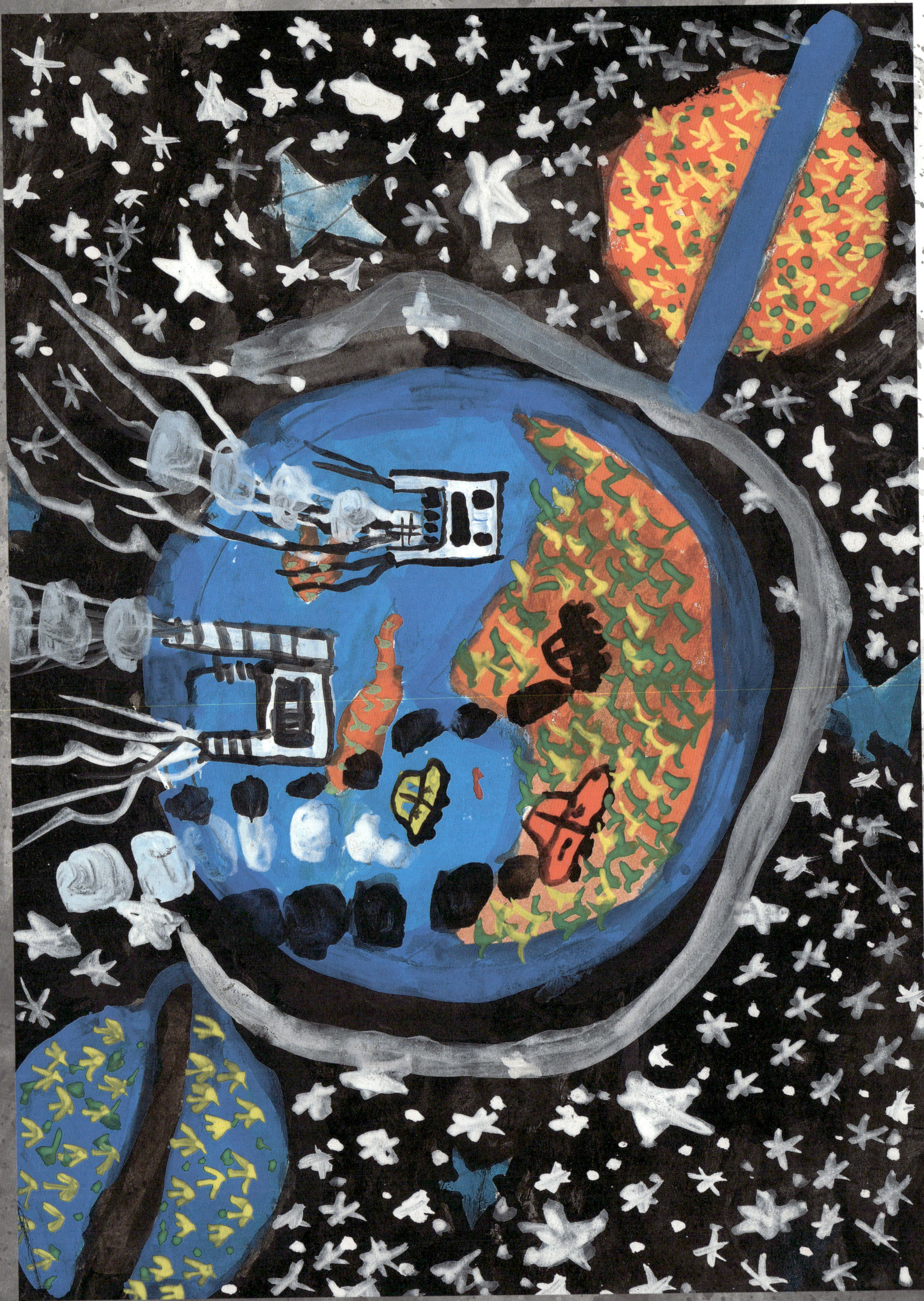

Yasaman, 10 Jahre, Iran

Burdina, 8 Jahre, Russland

Dasha, 15 Jahre, Russland

Nika, 7 Jahre, Slowenien

Shireen, 9 Jahre, Schweiz

Die Erschaffung der Welt

Mia, 10 Jahre, Kroatien

Jaka, 6 Jahre, Slownenien

Alexander, 6 Jahre, Deutschland

„Zauberhafte Märchen"

Maria, 14 Jahre, Russland: „Alle Kinder glauben an Märchen. Dieser Glauben ist unabhängig vom Alter sowie von der Zeit, in der sie leben. Warum? In Märchen grenzt die Realität an Fantasie, die Wahrheit vermischt sich mit Fiktion, das Böse wird bestraft und das Gute triumphiert immer. Das Märchen ist eine zauberhafte Welt der Kindheit, von der man sich nie trennen will. Und wenn ein Kind aufhört an Märchen zu glauben, dann heißt es, dass es erwachsen geworden ist ..."

Maria, 14 Jahre, Russland

Liva, 9 Jahre, Lettland

295

Die Kinderwelt ist Wirklichkeit.

„Die Kinder malen diese Welt ohne Grenzen. Sie malen, wie die Vögel singen. Die ganze Menschheit sollte malen, malen, malen. Die Kinderwelt ist keine Utopie. Es gibt sie wirklich. Alles, was wir tun müssen, ist die Augen und das Herz weit aufzumachen und unsere Fantasie fliegen zu lassen – dann sehen wir sie.

Die Kinderwelt hat zwar viele Formen und Farben, nicht nur unterschiedliche Hautfarben, aber wenn die großen Menschen sie entdecken möchten, sind sie herzlich eingeladen. Wir von little ART beschützen diese Welt. Ein Drache hilft uns dabei. Deswegen vertrauen uns so viele Kinder ihre Kostbarkeiten an, weil er so gut darauf aufpasst."

„Hexen und Feen ...“

Evelyn, 9 Jahre, USA: „... sind meine besten Freunde. Ich mache ein Bett aus Gras für sie. Ich bin eine Hexe. Ich bin aber ein Mensch. Hexen sehen wie normale Menschen aus. Feen sind klein. Sie sind ein leuchtender Punkt. Kleine Menschen mit Flügeln wie Insekten. Sie haben Beine und Arme. Sie schlafen auf den Blumen oder in den Bäumen – in toten Bäumen. Sie schlafen auf Blumenblättern – nicht im Gras, weil ein Mensch darauf steigen kann.“

Ailin, 7 Jahre, Bulgarien

Yen Yu Estee, 15 Jahre, Hongkong

„Die Kinderwelt hat viele Länder. Sie ist so groß und weit wie die Fantasie der Kinder. Die Kinder erschaffen sie und glauben an sie, sie leben mit ihr. Alles ist dort möglich. Es gibt gute Hexen und Feen. Es gibt dort auch Expressmonster. Und die Sternenkinder und die Tiere sind dort und passen auf die Kinder auf."

Gergana, 9 Jahre, Bulgarien

TEILNEHMERORGANISATIONEN UND PARTNER:

AFRIKA

Algerien:
Centre Culturel El Marsa

Äthiopien:
Viva Humanidad e.V.
HilfsWaise Waisenkinder in Äthiopien e.V.

Burkina Faso:
Herman Boyla
Sahel e.V. - A.M.P.O.

Ghana:
Village of Hope

Kap Verde:
Delta Cultura e.V.

Kenia:
Multiple Academy in Kagio Kirinyaga

Kongo:
Deutsche Botschaft in Kinshasa

Madagaskar:
Verein zur Förderung der Jugendbildung
auf Madagaskar
Freunde Madagaskars e.V., Anna und
Erich Raab
Nasrin Siege, Hilfe für Afrika

Sambia:
Spring of Help e.V., Marco Sardella

Südafrika:
The Imbali Visual Literacy Project
Khartoum International Community School
Lebenslinien e.V., Stefanie und Thomas Curry
Ons Speelnessie Kindergarten, Hope and Light

Simbabwe:
Lucie Kazda und Marie Imbrova

Tansania:
Amani Children's Home Tansania, Cassandra
Seidler, Kathleen Mahoney

Uganda:
Kampa Arts Uganda, Eddy Bbira

AMERIKA

Argentinien:
Colegio Aleman Cordoba
Colegio E. Holmberg
IPEM 268 „Dean Gregorio Funes",
Prof. Marta Chiarlo

Brasilien:
Juan Balzi
Dominique Gartmann
AMECC- Associação Menores Com Cristo

Chile:
Instituto Aleman de Osorno Chile

Ecuador:
Stiftung AMAZONICA, Mascha Kauka

El Salvador:
Academia de Arte infantil Caracol Azul,
Prof. Gilberto Arriaza

Honduras:
Arte Accion Copán Ruinas

Kolumbien:
Colegio de las Aguas, Montebello
Hogar de la Luz

Kuba:
Kinderhilfsorganisation Camaquito
Casa de Cultura

Mexiko:
The Workshop, Merida
Mayara Franco, Catalina Franco
Colegio Cristobal
Papalote Museo del Niho

USA:
Children's Museum of the Arts New York
The Cincinnati Museum Center

ASIEN

Afghanistan:
Avicenna e.V. Hilfe für Afghanistan,
Fawzia Alam
AFGER-Hilfe für Afghanistan e.V.,
Christian Wacker, Naqibullah Bakshi

Armenien:
„Endanik" Youth Creative Center
Manana Youth Center
Gyumri Craftmanship Creative Center

Bangladesch:
Young Power in Social Action, YPSA

Bhutan:
Dr. Tobgyel School

China:
Chong Hok Tong Education Center

Georgien:
Foundation „APEX"

Hong Kong:
Simply Art

Indien:
Mahabodhi in Ladakh, Helga Weinmann-Adam
und Gerhard Adam
Mudra School of Fine Arts
St.Mary's Matriculation School
Young Envoys International
Sriram

Indonesien:
Jawadwipa Art School, Yuni Parvati
SD 1 UBUD, Bali

Irak:
Iraqi Children's Art Exchange

Iran:
International Affairs of Kanoon

Israel:
Estelle Fenech

Japan:
Hamada Museum
Noriko Takano
Eriko Watanabe

Jordanien:
Her Majesty Queen Rania Al Abdullah
Queen Rania Family and Child Center
Jordan River Foundation

Kambodscha:
Cambodian Children's Painting Project CCPP

Kasachstan:
Almati School of Fine Arts and Technical Design
Khanzada Yessenova
UNESCO Kasachstan

Korea:
Let's Art- Kids Art Center, Andy Lee

Lebanon:
First Official Basta School for Boys

Palästina:
Palestinian Child Art Center PCAD

Pakistan:
Funkor Child Art Center, Fauzia Minallah

Philippinen:
Maninoy Patenschaft Philippinen e.V.

Sri Lanka:
Children's Art Circle, Dr. Dhammadesh
Ambalampitiya

Thailand:
Thailandfreunde e.V.

Usbekistan:
Igor und Pak Nelli
Children's Creativity Center Yangi Avlod
Tashkent

Vereinigte Arabische Emirate:
Supreme Council for Family Affairs Sharjah
Children and Girls Centers
German International School

EUROPA

Albanien:
Enigerta Halilaj

Bosnien:
UKAHUD u BIH. CIOFF, Anka Rajic

Bulgarien:
Diana Sofronieva
Studio Chaushev
Spiritual Mirror, Tatajana Kostadinova
Plovdiv
Gallery Vidima, Irina Kolbasova
Fine Arts School „Arteya", Nelly Cholakova
Art School Duga, Ivan Stoyanov
SOU „St. Sophronius Vratsa"
Fine Arts Studio, Dasha Batembergska
National Cultural Center „Napredak 1871",
Georgi Kirilov

Dänemark:
Susanne Hviid

Deutschland:
Stiftung Deutsche Schlaganfall-Hilfe, Liz Mohn
und Dr. Brigitte Mohn
Städtisches Leibniz-Gymnasium Düsseldorf,
Alexia Myrio Ni
Förderverein der Friedrich-Ebert Grundschule
e.V. Fürth, Petra Herrmann
Klecks, Madeleine Ott
Ute Laux, Schwerin
Kunst-Werk, Newsha Sigari

England:
Action for Children
Bayswater Family Centre
Renate Moritz
Ruth Baldwin

Estland
EstSEA-Vereinigung der Kunstlehrer in Estland
Pelgulinna Gymnasium, Jüri Maemet
Pärnu Kunsthaus
Sally Stuudio, Annely Köster
Children Art School of Tartu

Finnland:
Kinderkunstschule in Hyvinkää
Rovaniemi Art School

Frankreich:
Memoire de l`avenir, Margelit Berriet
Schule „Le Boccard", Brigitte Endres

Italien:
Katia Margolis

Karelien:
Lehrerkollegium des Petrozadeschy
Kunststudio

Kroatien:
Grundschule St. Martin na Muri
Kindergarten Viskovo

Lettland:
Marupe Music and Art School
Riga Art School
Aizputes Art School
Limbazi Art School
Valmiera Art School
Kekava Art School
Liepada Children's Art School
Ledurga Art School
Vidzemes Seastrand Music and Art School
Sigulda Art School „White piano"

Liechtenstein:
Kunstvermittlung und Museumspädagogik,
Judith Näscher

Litauen:
Mini Muza
Silutes Art School

Mazedonien:
Organisation Hristo Uzunov

Republik Moldau:
Zdurizkaja Mittelschule
Deutsch-Moldauische Gesellschaft e.V.,
Mariana Scvortova

Slowenien:
Mihailo Lišanin, Celje

Russland:
Izopark, Moskau
Tretjakow-Galerie, Moskau

Tschechische Republik:
IKKA Lidice

Tschetschenien:
Hawa Mahmudowa

Weißrussland:
School N 115, Minsk

Ukraine:
Kunstschule in Mariupol

AUSSERORDENTLICHER DANK AN:

Michael Keller, Blackspace GmbH
Münchner Künstlerhaus Stiftung
Bernhard Wild
Kai Bernhöft
Keller Menz Rechtsanwälte
Sabine Richly
Schwartz Public Relations
Bender Patentanwalt
Barbara Koch
Diana Sofronieva
Mayra Franco
Kristina Chekhriy
Janina Wildgruber
Maria, Elisabeth Hecke
Viktoria Hingerl
Dominique Mrzigod
Julia Endres
Daria Stefanie Strick

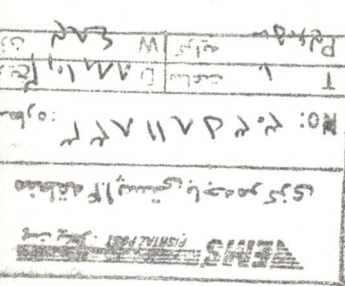

Recommandé

PAR AVION

DO NOT BEND

ПОЧТА РОССИИ

Air Mail Par avion

43-074-038 (02-12)

বাংলাদেশ ডাক বিভাগ
Bangladesh Post Office

POST OF IRAN